AF455504

TABLE CHRONOLOGIQUE
DES EDITS,
DECLARATIONS, LETTRES PATENTES, ARRESTS ET REGLEMENS,
CONCERNANT
LA MARQUE ET CONTROLLE
DES OUVRAGES D'OR ET D'ARGENT.
TOME I.

A PARIS;
Chez PIERRE PRAULT, Imprimeur des Fermes du Roy;
Quay de Gêvres au Paradis.

M. DCC. LIII.

TABLE CHRONOLOGIQUE DES EDITS, DECLARATIONS, LETTRES PATENTES, ARRESTS ET REGLEMENS, *CONCERNANT* LA MARQUE ET CONTROLLE DES OUVRAGES D'OR ET D'ARGENT.

TOME I.

ARREST du Parlement de Paris, qui défend l'Entrée & la vente étrangere dans le Royaume, des Ouvrages d'Orfevrerie, *&c.* M. S. *7 Septemb. 1630*

Arrest de la Cour des Monnoyes portant les mêmes défenses. M. S. *29 Nov. 1630.*

Edit portant Imposition de 3 sols par once, tant sur les Ouvrages d'or & d'argent fabriqués dans le Royaume, que sur ceux venant des Pays étrangers. *Octobre 1631.*
Registré en la Cour des Monnoyes à Paris le 11 Février 1632.

Déclaration portant révocation de l'Impôt de 3 sols par once d'Orfevrerie. M. S. *May 1633.*
Registrée en la Cour des Monnoyes le 17 May 1633.

Déclaration portant imposition de 30 sols par once d'or, & 20 sols par marc d'argent mis en œuvre. *Dernier Mars 1672.*
Registrée en Parlement le 7 Avril 1672.

Arrest du Conseil qui permet à Claude Thomas d'établir des Commis dans les Hôtels des Monnoyes, pour la perception des Droits de 20 sols pour marc d'argent, & de 30 sols pour once d'or sur tous les ouvrages d'or & d'argent, *&c.* M. S. *11 Avril 1672.*

26 Avril 1672. Déclaration pour régler le poids & la qualité de la vaisselle d'or & d'argent.
Registrée en Parlement le 6 May 1672.

24 May 1672. Arrest du Conseil qui ordonne qu'il n'y aura qu'un seul lieu dans les Villes du Royaume où les Forges & Argues seront établies par le Directeur ou Fermier de la Marque d'or & d'argent où ses Commis percevront le Droit du tirage d'or & d'argent. M. S.

28 Sept. 1672. Arrest du Conseil qui ordonne qu'à commencer du premier Octobre prochain, Vincent Fortier entrera en jouissance de la Ferme générale des Monnoyes, & du Droit de 20 sols par marc d'argent, & de 30 sols pour once d'or, droit de Seigneuriage.

11 & 19 Octob. 1672. Ensemble deux Arrests de la Cour des Monnoyes pour, *idem.*
A la suite du 28 Septembre 1672. M. S.

18 Janvier 1673. Arrest du Conseil qui excepte du Droit de Marque établi par la Déclaration du 31 Mars 1672. sur les ouvrages d'or & d'argent, ceux de la Manufacture de l'or filé à la maniere de Milan, établi à Lyon. M. S.

25 Avril 1673. Arrest du Conseil qui modere le Droit de 20 sols par marc d'argent à 12 sols 6 den. & de 30 sols sur chaque once d'or en faveur des Tireurs d'or de Lyon. M. S.

13 May 1673. Arrest du Conseil pour la levée du Droit de Seigneuriage sur toutes sortes d'ouvrages d'or & d'argent, *&c.* M. S.

21 Octobre 1673. Arrest du Conseil pour l'exécution de la Déclaration du mois de Mars 1672. & la perception du Droit de 20 sols pour marc d'argent, & 30 sols pour once d'or, *&c.* M. S.

30 Decemb. 1673. Arrest du Conseil, au sujet des Instances & Contestations qui surviendront, en exécution de la Déclaration du mois de Mars 1672, *&c.* M.S.

27 Février 1674. Déclaration pour augmenter le Droit de Marque sur l'or & sur l'argent.
Registrée en la Chambre des Comptes le 6 Mars 1674.

22 May 1674. Arrest du Conseil portant surséance de l'exécution des Edits concernant la création des Jaugeurs & Courtiers de Boissons & Liqueurs, le doublement du Droit de Marque sur la Vaisselle d'or & d'argent, *&c.* M. S.

4 Septemb. 1674. Extrait du Traité de Lucot, pour la Fabrication des pieces de 4

Articles 21. & 22. sur sa joüissance de la Ferme des Droits de Marque sur l'or & sur l'argent. M. S.

Arrest du Conseil, qui ordonne que dans toutes les Villes du Royaume où il y a Jurande de l'Orfevrerie, les Poinçons & Matrices seront sous deux clefs différentes, *&c.* M. S. *10 Octob. 1674.*

Arrest de la Cour des Monnoyes pour le Droit de Marque. M. S. *30 Juillet 1675.*

Arrest du Conseil, qui casse deux Arrests de la Cour des Aydes; & en conséquence ordonne l'exécution d'un sous Bail fait par un Fermier general du Droit de Marque, *&c.* M. S. *11 Janvier 1676.*

Arrest de la Cour des Monnoyes, qui ordonne que les Poinçons & Matrice des Maîtres & Gardes de l'Orfevrerie de Rouen seront sous deux clefs, *&c.* M. S. *7 Avril 1677.*

Arrest du Conseil, portant augmentation du Droit de Marque sur l'or & sur l'argent. *10 Sept. 1677.*
Registré en la Cour des Monnoyes le 7 Octobre 1677.

Arrest du Conseil, qui enjoint aux Orfévres & aux Ouvriers en or & en argent, de faire contre-marquer leurs ouvrages au Bureau du Fermier, *&c.* & de payer le doublement du Droit. M. S. *16 Octobre 1677.*

Arrest du Conseil, qui ordonne que le Poinçon des Maîtres & Gardes sera déposé dans leur Bureau commun, dans un coffre sous plusieurs serrures, de l'une desquelles le Fermier de la Marque d'or & d'argent aura une clef, *&c.* M. S. *6 Novemb 1677.*

Arrest du Conseil, qui ordonne qu'il ne sera perçu sur les ouvrages d'or & d'argent des Tireurs d'or de la Ville de Lyon, que 20 sols par marc d'argent, & 3 l. sur les lingots dorés de 12 à 15 marcs, *&c.* *22 Janvier 1678.*

Nota. L'exécution de cet Arrest, quoique anterieur à l'Ordonnance de 1681. a été ordonnée par l'Article 25 du Bail de Charriere de 1687. & tous les Baux subséquens jusqu'aujourd'hui, ont été passés à la charge de cette moderation.

Arrest du Conseil, qui permet à Me Martin Dufresnoy, Fermier du Droit de la Marque d'or & d'argent, de faire la Visite chez les Orfévres-Joyailliers & autres Ouvriers en or & argent de la Ville & Fauxbourgs de Paris, assistés d'un Officier de l'Election & du Procureur du Roy en icelle *3 Décemb. 1678.*

Arrest du Conseil, qui permet au Fermier de la Marque d'or & d'argent, de faire des Visites chez les Orfévres des Villes de Lyon & de Rouen. M. S. *28 Janv. 1679.*

7 Mars 1679. Arrest du Conseil, qui ordonne que les Maîtres & Compagnons Orfévres travaillans dans l'Enclos de S. Denis de la Chartre, du Temple, & de S. Jean de Latran, seront tenus d'en sortir. M. S.

2 Juin 1679. Sentence de l'Election de Paris, qui ordonne l'Enregistrement & l'exécution de l'Arrest du Conseil du 24 May 1672, *&c.* M. S.

22 Juillet 1679. Arrest du Conseil, qui ordonne la levée de 40 sols sur chacun marc d'argent, & 3 liv. sur chacun once d'or dans la Généralité de Metz. M. S.

30 Décembre 1679. Réglement général sur le fait de l'orfevrerie & sur le commerce des matieres d'or & d'argent, en 22 articles, avec l'Etat des pieces d'orfevrerie qui doivent être marquées du poinçon de l'Orfévre, & de celles qui doivent être contre-marquées du Poinçon de la Maison commune.

Registré en Parlement & Cour des Monnoyes les 29 Février & 26 Mars 1680.

13 Février 1680. Arrest du Conseil, qui ordonne que le Réglement des Orfévres du 30 Décembre 1679 sera registré au Parlement, nonobstant l'opposition des Graveurs & Joyailliers. M. S.

27 Avril 1680. Arrest du Conseil, portant interprétation de l'Article 13. du Réglement du 30 Décembre dernier, sur le fait de l'orfevrerie. M. S.

4 May 1680. Arrest du Conseil, qui permet au sous-Fermier de la Marque d'or & d'argent en Auvergne, de faire faire la Visite, assisté d'un Elû, chez tous les Orfévres & autres vendans Ouvrages d'or & d'argent. M. S.

26 Septembre 1680. Arrest de la Cour des Aydes, portant qu'au premier Octobre suivant, Paul Brion du Saussoy, sous-Fermier du Droit de Seigneuriage sur les ouvrages d'or & d'argent, sera subslitué au lieu de Martin Dufresnoy précedent Fermier, *&c.* M. S.

1 Février 1681. Arrest du Conseil, qui permet au Fermier de la Marque d'or & d'argent de faire des Visites chez les Orfévres, dans toutes les Villes où il y a Election, assisté d'un Elû, *&c.*

Juillet 1681. Extrait de l'Ordonnance, titre des Droits de Marque sur l'or & l'argent, en 19 articles.

Juillet 1681. Titre commun pour les Fermes, en 51 articles.

13 Aoust 1681. Arrest de la Cour des Monnoyes, rendu en faveur d'Antoine Chatton Marchand Joyaillier en Avignon, contre Martin Dufresnoy, ci-devant Fermier du Droit de Controlle & Marque sur l'or & l'argent. M. S.

Arrest du Conseil, qui ordonne que les Droits de Marque d'or & d'argent, seront perçus en Auvergne, conformément aux Ordonnances, & nonobstant l'Abonnement fait par le précedent Fermier aux Orfévres de la Ville de Clermont. M. S. 8 Novemb. 1681

Arrest de la Cour des Aydes, qui ordonne que les Poinçons & Cachets du Fermier de la Marque d'or & d'argent seront insculpés aux Greffes des Elections, sauf au Fermier à en faire déposer les Empreintes au Greffe de la Cour des Monnoyes. M. S. 22 Dec. 1681.

Sentence de l'Election de Lyon, qui défend au Fermier de la Marque d'or & d'argent, & aux Orfévres, Batteurs & Tireurs d'or, de se pourvoir ailleurs qu'à ladite Election. M S. 16 Janv. 1682.

Arrest du Conseil, qui confirme celui du 22 Janvier 1678 concernant les Tireurs d'or de Lyon, &c. 25 Avril 1682.

Arrest, qui ordonne que les contestations d'entre le Fermier de la Marque d'or & d'argent, & les Orfévres de la Ville de Dijon, seront portées devant les Juges ordinaires, & par Appel au Parlement de Dijon. M. S. 30 May 1682.

Arrest de la Cour des Aydes, qui ordonne que les Commis des Aydes ayant Serment en Justice, pourront faire tous Procès-verbaux, contre les redevables des Droits, &c. 18 Juin 1682.

Arrest de la Cour des Aydes, en faveur des Maîtres & Gardes de l'orfevrerie & Jovaillerie de Paris, contre Paul Brion du Saussoy Fermier general de la Marque d'or & d'argent. M. S. 22 May 1683.

Arrest de la Cour des Aydes, qui permet aux Commis aux Aydes de donner des Assignations & Commandemens, & de faire des saisies, pourvû que ce soit dans les Procès-verbaux qu'ils dresseront contre les Redevables des Droits & Fraudeurs. 21 Juin 1683.

Déclaration pour l'Enterinement des Lettres de Rémission accordées par Sa Majesté, quand l'exposé sera conforme aux charges, &c. 22 Nov. 1683.

Arrest du Conseil qui ordonne que le Fermier du Droit de Seigneuriage jouira dudit Droit sur toute la vaisselle neuve & vieille d'argent & vermeil doré, qui sera mise en vente par les Orfévres. M. S. 11 Dec. 1683.

Arrest du Conseil, qui ordonne l'exécution de l'Ordonnance de 1681. Titre de la Marque d'or & d'argent; & en conséquence défend aux Batteurs d'or d'avoir aucunes Forges, Fourneaux & Creu- 26 Févr. 1684.

zets, ni fondre, ni forger les Lingots ailleurs qu'au Bureau du Fermier, &c. M. S.

18 Mars 1684. Arrest du Conseil, pour faire exécuter les Edits & Reglemens ci-devant faits au sujet des Compagnons Orfévres qui se retirent dans des lieux privilegiés. M. S.

10 Juin 1684. Arrest du Conseil, qui ordonne l'exécution d'un Arrest de la Cour des Aydes de Paris, du 18 Février précedent, par lequel le Bail de la Marque d'or & d'argent, fait au nommé Morel, Orfévre à Lyon, avoit été déclaré nul, avec défenses à tous Orfévres de s'immiscer en la Ferme & perception du Droit de Marque de l'or & de l'argent. M. S.

11 Sept. 1684. Arrest du Conseil en forme de Réglement pour la perception du Droit de Marque sur les Ouvrages d'or & d'argent.

30 Dec. 1684. Arrest du Conseil, qui assujettit les Orfévres de Sedan au Droit de Marque & de Controlle sur les Ouvrages d'or & d'argent, *&c.* M. S.

13 Janv. 1685. Arrest du Conseil, qui permet au Fermier du Droit de Marque d'or & d'argent, de faire des Visites dans les Maisons Royales & Privilégiées, où il y a des Orfévres, *&c.*

3 Fevr. 1685. Déclaration pour la contre-Marque de la vieille vaisselle d'or & d'argent, adressante & registrée en la Cour des Aydes de Paris, le 16 Février 1685.

30 Juin 1685. Arrest du Conseil, qui casse un Arrest de la Cour des Aydes, du 12 May 1685. & ordonne que le sous-Bail de la Marque d'or & d'argent des Généralités de Poitiers & de la Rochelle, fait par le précedent Fermier, aura son exécution. M. S.

7 Aoust 1685. Arrest contradictoire du Conseil, portant défenses aux Maîtres, Jurés & Gardes des Orfévres, de faire faire les Matrices & fraper les Poinçons pour contremarquer les Ouvrages d'orfevrerie, qu'en présence du Fermier, *&c.*

18 Aoust 1685. Arrest du Conseil, portant permission aux Commis du Fermier de faire leurs Visites dans tous les endroits qu'ils aviseront, avec injonction aux Elûs de les y assister. M. S.

13 Octob. 1685. Arrest du Conseil, qui, sans s'arrêter à une Sentence de l'Election de Paris, Ordonne qu'il n'y aura qu'un seul lieu en ladite Ville & Fauxbourgs de Paris, où les Forges & argues seront établis par le Fermier du Droit de Marque sur les ouvrages d'or & d'argent. M S.

22 Janv. 1686. Arrest du Conseil, qui, sans s'arrêter à la Sentence des Officiers de l'Election de Soissons, du 2 Novembre 1685. Ordonne que le

Bail fait à Louis le Clerc du Droit de Marque sur l'or & l'argent, sera exécuté. M. S.

Arrest du Conseil, portant défenses à tous Marchands & Artisans, autres que les Maîtres Orfévres & leurs Veuves, de faire aucun commerce de Marchandises d'orfevrerie du Poinçon de Paris, & aux Marchands Merciers de ladite Ville, de vendre autres vaisselles & pieces d'orfevrerie, que celles venant d'Allemagne & autres Pays étrangers. M. S. *19 Juin 1686.*

Arrest du Conseil, portant défenses aux Tireurs d'or de Lyon, d'avoir aucuns Bancs scellés en plâtre ni Fillieres de la grosseur de celles de l'Argue propres à dégrossir les Lingots. M. S. *7 Janv. 1687.*

Déclaration portant défense de fabriquer les piéces d'orfévrerie qui y sont mentionnées. *10 Févr. 1687.*
Registré en Parlement le 21 Février 1687.

Arrest du Conseil, qui ordonne que les Ouvrages défendus par la Déclaration du 10 Février 1687. trouvés chez les Orfévres, dont le Droit de Marque avoit été payé, seront rompus, & le Droit remboursé par le Fermier de la Marque, & que pour les façons desdits ouvrages il y sera pourvû par Sa Majesté, suivant l'estimation. M. S. *6 May 1687.*

Arrest du Conseil, qui ordonne l'exécution de celui du 12 Janvier 1686. rendu entre Antoine Ridereau Fermier du Droit de Marque, *&c.* & Marc Ropillard Marchand Orfévre de la Ville de Soissons, sur lesquels plusieurs ouvrages avoient été saisis; & au surplus sur les différends des Parties, les renvoye devant les Elûs de Laon, *&c.* Et en cas d'Appel, à la Cour des Aydes de Paris. M. S. *23 May 1687.*

Arrest du Conseil, qui permet à Jacques Leger Fermier de la Marque d'or & d'argent, de faire fabriquer des Poinçons nouveaux; Défend aux Elûs de prendre plus de 30 sols pour l'insculpation des Poinçons, & 30 sols pour la réception des Commis. M. S. *23 Sept. 1687.*

Arrest du Conseil, portant défenses aux Tireurs d'or de se servir de Fillieres servant à l'Argue, ailleurs qu'au Bureau de l'Argue, ni d'avoir chez eux aucuns Fourneaux ni Creuzets propres à fondre les Lingots, ni aucunes Forges ni Rouets, ni Bancs scellés en plâtre, ni Argues propres pour les dégrossir, sur les peines portées par l'Article 15. de l'Ordonnance de Juillet 1681. M. S. *10 Janv. 1688.*

Arrest de la Cour des Aydes, rendu en faveur des Batteurs d'or de la Ville de Lyon. M. S. *9 Avril 1688.*

Sentence de la Monnoye de Lyon, qui défend de filer l'or & l'argent faux sur soye, ni de mêler aucun Ouvrage de faux avec du fin. M. S. *14 Avril 1688.*

15 Juin 1688. Arrest du Conseil, qui permet au Fermier de la Marque d'or & d'argent, de faire les Visites chez les Marchands Merciers & Joyailliers de Lyon, nonobstant l'intervention des Prevôt des Marchands & Echevins de ladite Ville. M. S.

4 Sept. 1688. Arrest de la Cour des Monnoyes, portant Réglement pour les Orfévres & Essayeurs des Monnoyes.

13 Nov. 1688. Arrest de la Cour des Aydes de Montpellier, qui ordonne que les Bagues enchassées de Pierreries, & tous autres ouvrages seront exempts de la Marque & Droit de Seigneuriage. M. S.

Mars 1689. Edit, portant Réglement pour les Orfévres, dans l'étendue de la Jurisdiction de l'Hôtel des Monnoyes établie à Lille, en 10 art.
Registré ès Cours des Monnoyes de Paris & de Lille, les 23 Mars 1689. & 11 Juillet 1695. M. S.

20 Sept. 1689. Arrest du Conseil, qui ordonne que le Fermier de la Marque d'or & d'argent, sera tenu de se servir dans l'Argue de Lyon, de poids échantillés sur la matrice du poids de marc étant au Greffe de la Monnoye de Lyon, sans en pouvoir tenir d'autre, à peine de 1000 liv. d'amende, *&c.* M. S.

25 Oct. 1689. Déclaration, portant Réglement pour l'affinage des matieres d'or & d'argent, en 25 articles.
Registrée en la Cour des Monnoyes le 14 Novembre 1689. M. S.

24 Déc. 1689. Déclaration, portant Réglement sur les ouvrages & vaisselles d'or & d'argent.
Registrée en Parlement & en la Cour des Monnoyes les 16 & 20 Décembre 1689.

24 Janv. 1690. Arrest du Conseil, qui proroge jusqu'au dernier Février prochain, le délai porté par la Déclaration du 14 Décembre 1689. touchant les ouvrages d'or & d'argent défendus.

10 Nov. 1691. Arrest du Conseil, qui défend à tous ouvriers d'employer dans les Galons, Dentelles, Passemens, Boutons & autres ouvrages d'or & d'argent, aucune lame, trait ou filé parfumé ou fumé, & à tous Marchands d'en vendre.
Registré en la Cour des Monnoyes le 16 Novembre 1691.

27 Nov. 1691. Arrest du Conseil, qui ordonne que les Poinçons & Cachets de l'ancien Fermier de la Marque d'or & d'argent seront biffés ; permet au nouveau Fermier d'en faire faire de nouveaux & de contre-marquer, *&c.* M. S.

Déc. 1691. Edit, portant suppression de la Maîtrise d'Affineur, & Création de

4

4 Offices d'Affineurs à Lyon, en dix-sept Articles.

Enregistré en la Cour des Monnoyes le 13 Octobre 1693.

Requeste des Maîtres & Gardes de l'orfevrerie de Paris.

Contre Simon des Ormeaux & autres

Arrest de la Cour des Monnoyes, qui déclare la saisie faite par les Maîtres & Gardes de l'Orfevrerie, sur des Ormeaux, *&c.* bonne & valable, & ce qui a été saisi, confisqué au profit de Sa Majesté, aux termes des Ordonnances. *23 Dec. 1692.*

Arrest du Conseil, qui ordonne que le Bail de la Marque d'or & d'argent du Ressort du Parlement de Metz, fait par le Fermier général, sera exécuté nonobstant que l'ancien Bail fait par le précedent Fermier ne fût point expiré. M. S. *17 Mars 1693.*

Arrest du Conseil & Lettres Patentes, qui ordonne en interprétation de la Déclaration du 3 Février 1685. concernant le payement du Droit de marque sur la vaisselle d'or & d'argent que les Orfévres seront tenus de prendre les noms, qualités & demeure de ceux qui leur en vendront, ou porteront en nantissement, ou pour racommoder, ou par entegistrement jour par jour, *&c.* *4 Aoust 1693. 14 Mars 1694.*

Registré en la Cour des Aydes le 7 Juillet

Sentence de l'Election de Paris, qui décharge le Fermier de la demande des Orfévres de Saint Germain en Laye, d'envoyer ses Commis chez eux, à l'expiration du Bail. M. S. *Premier Octob. 1693.*

Deux Sentences de l'Election de Paris, qui jugent que les Tireurs d'or donneront leur soumission au Fermier de la Marque d'or & d'argent, si mieux ils n'aiment payer comptant. M. S. *Premier & 18 Octobre 1693.*

Edit, portant suppression du Métier d'Affineur & Departeur d'or & d'argent dans la Ville de Paris, & création de deux Offices d'Affineurs. *Novemb. 1693.*

Registré en la Cour des Monnoyes le 18 Novembre 1693.

Arrest du Conseil, qui permet à Me Pierre Pointeau, de transiger & composer des Amendes & Confiscations; au sujet des saisies & contraventions faites aux Droits des cinq Grosses Fermes, sans attendre le Jugement. *19 Janv. 1694.*

Arrest du Conseil, qui ordonne que nonobstant l'opposition des Maîtres & Gardes de la Communauté des Marchands Orfévres Joyailliers de la Ville de Paris, dont Sa Majesté les a déboutés, que l'Ar- *2 Fevrier 1694.*

rest du Conseil du 4 Aoust 1693. concernant le payement du Droit de Marque, sera exécuté, *&c.* M. S.

9 Mars 1694. Arrest contradictoire du Conseil, qui ordonne que le recouvrement des amendes adjugées à Sa Majesté, qui appartiennent aux Fermiers de ses Domaines, seront reçûes par le Receveur des amendes créés par l'Edit de Février 1691. *&c.*

21 Juin 1694. Arrest du Conseil, qui décharge les Tireurs d'or de Lyon, d'un prétendu Droit de dix sols par Lingot, qui se perçevoit par le Fermier, *&c.* S. M.

Decemb. 1694. Edit, portant création des Offices de Receveur de ses Fermes.
Registré en Parlement, Chambre des Comptes & Cour des Aydes, les 11, 15 & 25 Janvier 1695.

17 Janv. 1696. Arrest du Conseil, portant différens Réglemens, qui prescrivent aux Orfévres ce qu'ils doivent observer, & ce qui leur est défendu en travaillant les ouvrages d'or & d'argent.
Registré en la Cour des Monnoyes le 31.

Aoust 1696. Edit, portant création d'Offices de Controlleurs de la Marque des ouvrages d'or & d'argent.
Registré en Parlement le 6 Septembre 1696.

28 Aoust 1696. Arrest du Conseil, qui commet Me Adrien Vannier pour l'exécution de l'Edit du présent mois, portant création de Controlleur des ouvrages d'or & d'argent M. S.

11 Sept. 1696. Arrest du Conseil, qui ordonne qu'Adrien Vannier jouira des Droits à lui attribués pour la vente des Offices des Controlleurs ci-dessus, à commencer du 28 Aoust dernier. M. S.

29 Sept. 1696. Déclaration, concernant les Controlleurs de la Marque d'or & d'argent.
Registrée en la Chambre des Comptes & Cour des Aydes, les 14 & 27 Novembre 1696.

27 Nov. 1696. Arrest du Conseil, portant que Pierre Pointeau, Fermier général, rendra compte des Droits qu'il a perçus provenans de la Marque d'or & d'argent à Me Adrien Vannier. *&c.* M. S.

21 Fevrier 1697. Arrest du Conseil, qui accepte les offres des Orfévres de Rouen pour la réunion des Offices de Controlleurs de la Marque d'or & d'argent de ladite Ville, moyennant 30000 liv. & les 2 sols pour livre. M. S.

Arrest du Conseil, & Déclaration rendue en conséquence, concernant la Marque & Controlle des ouvrages d'or & d'argent. 2 Avril 1697. 18 Juin 1697.

Registrés en la Cour des Aydes le 16 Juillet 1697.

Arrest du Conseil, qui casse une Sentence de l'Election de Lyon, en ce qu'elle ne condamne deux Forgerons qu'en 300 livres d'amende pour avoir forgé un Lingot d'argent en fraude, *&c.* & condamne lesdits Forgerons en 3000 livres d'amende au profit du Fermier, & par corps, *&c.* M. S. 21 May 1697.

Arrest du Conseil & Déclaration rendue en conséquence, portant que les ouvrages d'or & d'argent dont on n'aura pas payé le Droit de Marque & Controlle, seront confisqués & portés aux Hôtels des Monnoyes pour y être rompus & difformés. 9 Juillet 1697.

Registrés en la Cour des Aydes à Paris le 19 Juillet 1697. M. S.

Arrest du Conseil, qui accepte les offres de Fulcrand Limosin, de payer la somme de 51000 liv. & les 2 sols pour liv. pour la finance des Offices de Controlleurs de la Marque d'or & d'argent dans les Généralités de Toulouse & de Montpellier. M. S. 6 Aoust 1697.

Arrest du Conseil, qui ordonne que la proposition faite pour l'acquisition des 25 Offices de Controlleurs de la Marque d'or & d'argent sur l'orfevrerie de Paris, sera reçûe. M. S. 10 Sept. 1697.

Arrest du Conseil, concernant le Droit de marque & contre marque des ouvrages d'or & d'argent, les Visites du Fermier *&c.* & les Abonnemens, *&c.* 1 Octob. 1697.

Arrest du Conseil, qui ordonne que Jean Plastel & Consors, sous-Fermiers, payeront ce qu'ils doivent du prix de leur sous-Bail. M. S. 1 Octob. 1697.

Arrest du Conseil, qui accepte les offres faites par Etienne Baligny pour l'acquisition de tous les Offices de Controlleurs de la Marque & Visite des Ouvrages d'or & d'argent de la Generalité de Paris. M. S. 3 Décemb. 1697.

Edit, portant suppression des Offices de Controlleurs de la Marque d'or & d'argent. Février 1698.

Registré en Parlement le 14 Février 1698.

Arrest du Conseil, qui ordonne que les anciens Fermiers du Droit de Marque sur l'or & sur l'argent, remettront les sous-Baux, Abonnemens, Registres & Poinçons à Pierre Perrine, Adjudicataire de ladite Ferme. M. S. 8 Avril 1698.

24 Juin 1698. Arrest du Conseil, qui déboute les Marchands Orfévres de la Ville de Rouen, de la subrogation par eux demandée au sous Bail du Droit de Marque de l'or & de l'argent. M. S.

6 Janvier & 14 Avril 1699. Déclarations, concernant les Inscriptions de faux, contre les Procès-verbaux des Commis aux Aydes; la premiere en cinq articles; la seconde en six articles.

Registrées en la Cour des Aydes les 22 Janvier & 30 Avril 1699.

22 Janv. 1699. Déclaration, qui fixe le tems auquel on pourra intenter des actions & demandes contre les Fermiers du Roy, résultantes de leurs Baux, *&c.*

Registrée en Parlement le 13 Avril 1699. & en la Cour des Aydes de Paris, & en celle de Rouen, les 5 Février & 8 May 1699.

27 Janv. 1699. Arrest du Conseil, qui ordonne que Vannier précedent Fermier de la Marque d'or remettra à Borel sous-Fermier, les deniers reçûs pour lesdits Droits, & les Registres, Poinçons, sous-Baux & Abonnemens. M. S.

7 Avril 1699. Arrest du Conseil, qui permet au Fermier de la Marque d'or, d'établir à ses frais des Commis aux Entrées du Royaume où il jugera à propos. M, S.

14 Avril 1699. Arrest du Conseil, qui ordonne que Chrestien, Faiseur de Corps-de-Chasse, payera les Droits de Marque sur l'argent qu'il employera M. S.

14 Avril 1699. Arrest du Conseil, qui attribue au Bailli de Versailles la connoissance des contestations sur le Droit de la Marque d'or & d'argent. M. S.

28 Avril 1699. Arrest de la Cour des Monnoyes, concernant les boëtes des Montres d'or & d'argent. M. S.

Mars 1700. Edit, portant Réglement pour l'or & l'argent employés, tant en vaisselle, que sur tous les meubles, habits, carosses, *&c.*

Registré en Parlement le 10 Mars 1700.

29 Mars 1700. Ordonnance du Lieutenant de Police, pour le transport des Commissaires, chacun suivant leur département dans les Boutiques des Orfévres, Merciers, Joyailliers, *&c.* M. S.

15 Juillet 1701. Ordonnance du Lieutenant de Police, portant défenses à tous Colporteurs, Crieurs de vieux passemens d'or & d'argent, *&c.* d'acheter aucune chose que de Gens domiciliés. M. S.

Arrest de la Cour des Aydes, contradictoirement rendu entre Jean Garot Marchand Orfévre à Chalons, & Jean Charpentier aussi Marchand Orfévre, & arriere-Fermier de la Marque d'or & d'argent de ladite Ville, &c. M. S. *2. Sept. 1701.*

Arrest du Conseil, qui dispense les Orfévres de la Ville de Dijon qui ont acheté des ouvrages neufs d'orfevrerie des Marchands Orfévres de Paris, marqués du Poinçon de Paris, de les faire marquer une seconde fois par le Fermier de Dijon, & défenses audit Fermier de Dijon d'exiger aucun Droit. *11. Septemb. 1703.*

Arrest du Conseil, portant Réglement général pour les vieux ouvrages d'or & d'argent servans à l'usage des Orfévres & autres Trafiquans, & travaillans en or & en argent. *15. Mars 1704.*

Arrest de la Cour des Aydes, portant Réglement pour la Régie de la Ferme du Controlle de l'or & de l'argent. M. S. *9. May 1708.*

Sentence du Juge, Garde de la Monnoye de Rennes, qui fait défenses aux Orfévres de s'immiscer dans la Régie & perception de la Marque d'or & d'argent. M. S. *3. Juillet 1709.*

Arrest du Conseil, qui permet aux arrieres-Fermiers des Droits de Controlle sur les ouvrages d'or & d'argent, de continuer l'exploitation de leur Bail, nonobstant un Arrest de la Cour des Aydes, & leur qualité d'Orfévre, M. S. *6. Sept. 1709.*

TABLE CHRONOLOGIQUE DES EDITS, DECLARATIONS, LETTRES PATENTES, ARRESTS ET REGLEMENS.

CONCERNANT

LA MARQUE ET CONTROLLE DES OUVRAGES D'OR ET D'ARGENT.

TOME II.

EDIT, portant Création d'Officiers des Monnoyes de Paris, & dans celles des Provinces du Royaume, en 29 articles. *Janv. 1705.*

Registré en la Chambre des Comptes & Cour des Monnoyes, les 4 & 21 Février 1705.

Arrest de la Cour des Aydes, en faveur de François Dubelley, Marchand Orfévre-Joyaillier à Paris. *11 Février 1705.*

Déclaration, qui ordonne que le Droit de cinq sols par marc des nouveaux ouvrages d'argent, & dix sols par once d'or, attribués par Edit de Janvier 1705. à chacun des deux Essayeurs créés par icelui pour la Maison Commune des Orfévres, sera & demeurera réduit & moderé à 2 sols 6 den. sur le marc d'argent, & à 5 sols par once d'or à chacun desdits deux Essayeurs. *7 Avril 1705.*

Registrée en la Cour des Monnoyes, le 22 Avril 1705.

Edit, portant création de 26 Essayeurs des ouvrages d'orfevrerie des Orfévres de la Ville Capitale de chaque Province ou Généralité du Royaume. *Juin 1705.*

Registré en la Cour des Monnoyes le 23 Juillet.

Déclaration, pour donner aux Fermiers & Interessés dans les af- *13 Juin 1705.*

faires, la contrainte par corps pour le recours des sommes qu'ils auront payées pour leurs Associés.

Registrée en la Cour des Aydes le 27 Juin 1705.

Sept. 1705. Edit, portant création de plusieurs Offices pour les Monnoyes, en 13 articles.

Registré en la Chambre des Comptes le 18 Septembre.

24 Octobre 1705. Arrest du Conseil, qui déboute Etienne Baligny, Fermier des Droits de Marque sur l'or & l'argent, & ordonne l'exécution de l'Arrest de la Cour des Aydes du 11 Février dernier, rendu en faveur de François Dubeil, Marchand Orfévre-Joyaillier à Paris.

27 Nov. 1705. Déclaration, portant union des vingt-six Offices de Controlleurs Essayeurs, créés par Edit de Juin 1705 aux Communautés des Orfévres de chaque Ville des Provinces, *&c.*

Registrée en la Cour des Monnoyes le 27 Novembre.

5 Decemb. 1705. Arrest du Conseil qui permet au Fermier de la Marque d'or & d'argent, de faire faire ses Visites par ses Commis avec un Elû seulement chez les Orfévres & autres, *&c.*

26 Déc. 1705. Arrest de la Cour des Monnoyes, qui permet aux veuves d'Orfévres de Provinces d'avoir des Poinçons pour marquer leurs ouvrages. M. S.

2 Janv. 1706. Arrest du Conseil, qui ordonne entr'autres l'exécution de l'Edit de Juin 1705 concernant les Essayeurs des ouvrages d'orfevrerie. M. S.

30 Janv. 1706. Arrest de la Cour des Aydes, qui ordonne l'exécution de l'Article 48. du Titre commun de l'Ordonnance des Fermes de 1681. sur les appellations.

19 Oct. 1706. Arrest du Conseil, qui ordonne que le précedent Fermier des Droits de Marque sur les ouvrages d'or & d'argent, remettra au nommé de la Haye, sous-Fermier desdits Droits, tous les Poinçons de Marque & de contre-Marque, *&c.* M. S.

30 Octob. 1706. Arrest du Conseil & Lettres Patentes, qui ordonnent que les ouvrages saisis, seront remis au Greffe de la Cour des Monnoyes les plus prochaines, pour être essayées, *&c.*

Registré, ès Cour des Aydes & Cour des Monnoyes, les 5 & 17 May 1707.

26 Aoust 1707. Déclaration, concernant le Privilege des Fermiers du Domaine, sur les meubles des condamnés aux amendes.

Registré en Parlement en Vacations le 4 Octobre 1707.

Edit, portant Création d'Offices d'Essayeurs des Ouvrages d'orfevrerie & autres dans les Monnoyes. *Nov. 1707.*
Regiſtré en Parlement le 23 Novembre 1707.

Arreſt du Conſeil, qui commet le Sieur Clement pour recevoir les Droits qui ſeront payés pour l'acquiſition des Offices d'Eſſayeurs des Ouvrages d'orfevrerie créés par l'Edit de Novembre 1707. M. S. *21 Nov. 1707.*

Arreſt du Conſeil, en forme de Réſultat, pour le recouvrement de la finance des Offices d'Eſſayeurs & autres, des Ouvrages d'orfevrerie, ſous le nom de Jean-Jacques Clement. M. S. *22 Nov. 1707.*

Edit, portant ſuppreſſion, rétabliſſement, création & confirmation de différens Offices dans les Monnoyes. *Janvier 1708.*
Regiſtré en la Cour des Monnoyes le 8 Mars 1708.

Déclaration & Arreſt du Conſeil, concernant l'exercice des Commis des Aydes. *3 & 17 Mars 1708.*
Regiſtrés à la Cour des Aydes le 19 Avril 1708.

Arreſt du Conſeil, qui commet le Sieur Clement pour faire le recouvrement de la finance provenant des Offices d'Eſſayeurs & Controlleurs d'or & d'argent, *&c.* M. S. *6 Mars 1708.*

Arreſt du Conſeil, en forme de réſultat, qui accepte les offres de Jean-Jacques Clement, pour l'acquiſition des Charges créés par Edit de Janvier 1708. M. S. *6 Mars 1708.*

Arreſt du Conſeil, qui ordonne que le Sieur Robinet, ſous-Fermier des Droits de Marque ſur l'or & ſur l'argent, fera faire la Régie de ladite ſous-Ferme, par le Sieur Bidard, nonobſtant ſa qualité d'Orfévre. M. S. *20 Mars 1708.*

Arreſt du Conſeil, qui caſſe un Arreſt de la Cour des Aydes, du 3 Mars 1708. qui avoit déclaré nul, & avoit réſolu le Bail des Droits de Marques ſur l'or & ſur l'argent, dans les Généralités de Tours & d'Orléans, fait par Simonet, Fermier, aux Sieurs Lacheze & Lefebvre, Orfévres, & ordonne que ledit Bail ſera exécuté. M. S. *15 May 1708.*

Arreſt du Conſeil, qui fixe le nombre des Controlleurs d'Ouvrages d'orfevrerie pour la Ville de Paris, *&c.* M. S. *3 Juillet 1708.*

Arreſt du Conſeil, qui fixe la finance des huit Offices d'Inſpecteurs aux Argues de Paris & de Lyon à 280000 liv. M. S. *17 Juillet 1708.*

Arreſt du Conſeil, pour la Priſe de poſſeſſion du Bail de Flo- *25 Aouſt 1708.*

rent Sollier pour la Marque d'or & d'argent du Royaume ; & les Aydes de Lyon. M. S.

30 Octobre 1708. Arrest du Conseil, en faveur des Fermiers & sous-Fermiers des Aydes, contre les Fermiers du Controlle des Exploits, *&c.* & qui décharge le Fermier des Aydes, du Controlle des Procès-verbaux qui ne porteront point assignations.

13 Nov. 1708. Arrest du Conseil, qui ordonne que la levée des Droits de 14 sols par once d'or, & 11 sols par marc d'argent attribués aux Essayeurs & Controlleurs créés par Edit de Janvier 1708 sera faite conjointement avec les Droits de la Marque d'or & d'argent, *&c.* M. S.

4 Déc. 1708. Arrest du Conseil, qui ordonne l'exécution de celui du 15 May 1708. contre un Arrest de la Cour des Aydes, qui annulloit un Bail de la Marque d'or fait à un Orfévre. M. S.

16 Juillet 1709. Arrest du Conseil, qui permet aux Pourvûs des Offices d'Essayeurs & Controlleurs, de lever les Droits attribués ausdits Offices. M. S.

10 Sept. 1709. 4 Avril & 6 May 1721. Arrest du Conseil & Lettres Patentes, qui permettent au Fermier général de faire des abonnemens, même de sous-fermer les Droits de Marque & de Controlle sur les ouvrages d'or & d'argent aux Orfévres, *&c.*

Registrés au Controlle général des Finances, & en la Cour des Aydes, les 21 May & 2 Décembre 1721.

27 Nov. 1709. Arrest de la Cour des Aydes de Rouen, qui dispense le Fermier des Aydes de faire controller les Procès-verbaux de ses Commis, lorsqu'ils ne portent assignation.

18 Février 1710. Arrest du Conseil, qui condamne les Orfévres de Morlaix à payer une année des Droits de la Marque d'or & d'argent, sur le pied de l'ancien abonnement, quoiqu'il fût échû. M. S.

18 Octobre 1710. Arrest du Conseil, qui ordonne que Jean Dusaussoy, subrogé à la poursuite des Droits de Charles Ferreau & Charles Isambert, chacun en ce qui concerne les Baux des Fermes dont ils étoient chargés, ensemble leurs Cautions ne pourront être assignés qu'en leurs domiciles, ni traduits ailleurs qu'en la Cour des Aydes de Paris, Sa Majesté déclarant nulles toutes autres assignations, *&c.*

20 Févr. 1711. & 3 Févr. 1722. Arrest du Conseil, portant Réglement pour les Affineurs & Tireurs d'or des Villes de Paris & de Lyon.

Ordonnance du Bureau des Finances de Caën, qui condamne plusieurs Controlleurs d'Exploits à restituer les doubles Droits de Controlle, perçûs sur un simple Exploit d'assignation donnée à plusieurs Particuliers pour un même fait de fraude. *29 Juillet 1711.*

Arrest de la Cour des Aydes de Rouen, qui décharge les Commis du Fermier des Aydes, d'un Decret d'ajournement personnel contr'eux décerné sur une Plainte donnée le lendemain de leur Procès-verbal pour le détruire indirectement. *12 Mars 1712.*

Arrest du Conseil, qui ordonne que les arrieres Fermiers & Abonnés pour les Droits de Marque & de Controlle sur les ouvrages d'or & d'argent, avec Jean Simonnet précedent sous-Fermier, payeront à Florent Sollier, pendant le cours de son Bail, le prix de leurs arrieres-Baux & Abonnemens, *&c.* *22 Nov. 1712.*

Arrest du Conseil, qui ordonne qu'un Orfévre payera son abonnement des Droits de la Marque d'or & d'argent, nonobstant toute déclaration qu'il ait pû faire de ne plus fabriquer ni commercer en argenterie. M. S. *19 Sept. 1713.*

Déclaration, concernant les Inscriptions de faux des Procès-verbaux faits par les Commis des Fermes de Sa Majesté. *7 Octob. 1713.*

Registrée en la Chambre des Comptes & Cour des Aydes, les 23 & 24 Novembre 1713.

Arrest du Conseil, qui ordonne que les Orfévres de Bayonne payeront 1500 livres pour l'Office d'essayeur des ouvrages d'orfevrerie réuni à leur Communauté, nonobstant leur prétendu Privilege. M. S. *27 Nov. 1714.*

Déclaration, en interprétation de celles des 6 Janvier & 14 Avril 1699. concernant les Inscriptions de faux contre les Procès-verbaux des Commis aux Aydes. *18 Dec. 1714.*

Registrée en la Cour des Aydes le 29.

Déclaration, qui ordonne la continuation de la levée de 2 sols pour livre des Droits des Fermes, & le doublement d'iceux, *&c.* *7 May 1715.*

Registrée en la Cour des Aydes le 13.

Sentence de l'Election de Paris, qui fait main-levée à Simon Thierce, Orfévre, de 48 Bagues d'or à pierres, en payant les Droits de la quantité de l'or & de l'argent employé ausdites Bagues, *&c.* M. S. *13 May 1715.*

Arrest du Conseil, concernant les Registres qui doivent être tenus *6 Aoust 1715.*

par les Maîtres Tireurs d'or, & ceux qui achetent & vendent des Traits d'or & d'argent dans la Ville de Lyon, *&c.*

11 Aoust 1715. Arrest de la Cour des Monnoyes de Lyon, qui enjoint aux Négocians en dorures, de tenir des Livres en forme, *&c.* M. S.

16 Nov. 1715. Arrest du Conseil, par lequel Sa Majesté déclare n'avoir entendu par l'Article 6. de l'Edit du mois d'Aoust 1715. déroger à l'Article 11, du Titre commun des Fermes, du mois de Juillet 1681 lequel sera exécuté selon sa forme & teneur, concernant le Privilege des Commis.

19 May 1716. Arrest du Conseil, concernant les Droits de Marque & Controlle de l'or & de l'argent, dûs par les Orfévres ou autres, *&c.*

27 Juin 1716. Déclaration, en faveur des Fermiers des Fermes du Roy, leurs Commis & Préposés, *&c.*
Registrée en la Cour des Aydes le 16 Juillet.

24 Juillet 1716. Arrest du Conseil, qui permet aux Marchands Merciers-Joyailliers de Rouen, de vendre des feuilles d'or & d'argent battues, aux conditions de les prendre des Batteurs d'or de Rouen ou de Paris. M. S.

Premier Dec. 1716. Arrest du Conseil, portant Réglement des Droits qui seront perçûs, à commencer du premier Janvier 1717. sur l'or & l'argent faux, trait & filé, *&c.* M. S.

13 Janv. 1717. Arrest du Conseil, qui déboute les Orfévres de la Ville de Rennes en Bretagne, de l'opposition par eux formée à l'Arrest du Conseil du 19 May 1716. que Sa Majesté ordonne être exécuté concernant les Droits de Marque & de Controlle.

30 Janv. 1717. Déclaration, portant Réglement pour les Droits d'Aydes, en cinq articles.
Registrée en la Cour des Aydes le 20 Février.

13 Février 1717. Déclaration, portant suppression des 4 sols pour livre sur tous les Droits des Fermes générales & particulieres, *&c.*
Registrée en la Cour des Aydes le 15.

21 Avril 1717. Arrest de la Cour des Aydes, portant Réglement pour la vaisselle d'or & d'argent, concernant la Communauté des Graveurs.

29 Juin 1717. Arrest du Conseil, qui décharge du payement du Controlle les

Croix de Chevaliers des Ordres du Saint-Esprit, de Saint Michel & de Saint Louis, qui seront faites par ordre de Sa Majesté. M. S.

Arrest du Conseil, qui ordonne l'exécution du Bail fait par Paul Manis à Philippes Pincaudeau, des Droits de la Marque d'or & d'argent, & que les Abonnemens ci devant faits, seront exécutés. M. S. 3 Juillet 1717.

Edit, portant suppression des Offices d'Inspecteurs aux Argues de Paris & de Lyon. Aoust 1717.

Registré en Parlement le 25 Octobre.

Arrest du Conseil, & Arrest de la Cour des Monnoyes de Lyon, pour l'enregistrement d'icelui, portant permission aux Tireurs d'or de se servir de Roquetins de bois, comme il s'est pratiqué avant les Arrests des 10 Septembre 1711. & 6 Aoust 1715. M. S. 21 Aoust 1717. & 11 Avril 1718.

Arrest du Conseil, qui permet aux nouveaux sous Fermiers des Aydes des Droits de Marque sur les fers & Controlle des Ouvrages d'or & d'argent, de révoquer ou continuer les Abonnemens faits par les précedens sous Fermiers. 28 Aoust 1717.

Arrest du Conseil, qui ordonne qu'il sera fait de nouveaux Poinçons & Cachets pour servir au nouveau Fermier à marquer les ouvrages d'or & d'argent. *&c.* 4 Sept. 1717.

Arrest du Conseil, qui régle les indemnités accordées aux sous-Fermiers des Aydes & autres pour les diminutions arrivées sur les especes pendant le cours de leurs Baux commencés le premier Octobre 1711. & finis le dernier Septembre 1715. 11 Octob. 1717.

Déclaration, concernant les significations des Procès-verbaux des Commis des Fermes. 6 Novemb. 1717.

Registrée en la Cour des Aydes le 11 Décembre.

Arrest du Conseil, qui ordonne qu'à l'avenir il ne sera perçû aucun Droit sur la vaisselle d'argent qui sera transportée dans l'étendue des Cinq Grosses Fermes dans les Provinces du Royaume, réputées étrangeres. 11 Déc. 1717.

Arrest du Conseil, qui ordonne l'exécution de l'Article premier du Titre de l'Exercice des Commis de l'Ordonnance des Aydes du mois de Juin 1680. *&c.* concernant la prestation de serment des Commis devant les Officiers de l'Election. 15 Janv. 1718.

Arrêt du Conseil & Lettres Patentes pour la levée des 4 sols 28 Mars 1718.

pour livre sur les Droits des Fermes de Sa Majesté.
Registrés en Parlement & à la Cour des Aydes le 13 Mars.

2 Avril 1718. Arrest du Conseil, qui accepte les offres d'Etienne de Bouges pour la Ferme de la Marque d'or & d'argent. M. S.

4 May 1718. Arrest du Conseil, portant Réglement pour la Ferme des Droits de la Marque d'or & d'argent dans les Généralités, Elections & Villes y mentionnées.

21 May 1718. Arrest du Conseil, qui ordonne que les Vendans Vin, Orfévres Maitres de Forges & autres Particuliers qui ont des Abonnemens & compositions, *&c.* seront tenus de payer les 4 sols pour livre outre & pardessus le prix de leurs Abonnemens, *&c.*

Aoust 1718. Edit, portant suppression des 10 Offices de Controlleurs des Ouvrages d'orfevrerie de la Ville de Paris, & réunion de leurs Droits à la Ferme de la Marque d'or & d'argent.
Registré en la Cour des Aydes le 18.

6 Sept. 1718. Arrest contradictoire de la Cour des Aydes, qui décide que ses Commis ne sont sujets à autres formalités de leurs Procès-verbaux, qu'à celles prescrites par l'Ordonnance & Déclarations des 8 Juillet 1695. & 27 Mars 1708. *&c.*

22 Octob. & 16 Novemb. 1718. Arrest du Conseil & Lettres Patentes, portant que les Procès-verbaux faits par les Commis des Fermes, en présence, & assistés d'un Officier ou autre Juge, *&c.* seront valables, *&c.*
Registrés en la Cour des Aydes le 22 Décembre.

25 Janvier 1719. Arrest de la Cour des Aydes, portant Réglement pour la Communauté des Orfévres de Paris.

26 May 1719. Arrest du Conseil, portant Réglement pour la prise de possession de la Ferme de la Marque d'or & d'argent.

18 Juillet 1719. Arrest de la Cour des Aydes, qui ordonne que les Graveurs seront tenus de faire parapher par un Elû leurs Registres, *&c.* M. S.

28 Juillet 1719. Arrest du Conseil, qui condamne les Marguilliers de la Paroisse de Sainte Anne d'Arles, en Charge pendant l'année 1717. en 200 livres d'amende, & à payer le juste valeur d'une Croix & d'un Encensoir d'argent qu'ils avoient fait venir d'Avignon sans faire déclaration, ni payer lesdits Droits, *&c.* M. S.

30 Sept. 1719. Arrest du Conseil & Lettres Patentes, portant défenses à tous Juges

Juges qui connoissent des Droits des Fermes, de mettre en liberté les coupables & complices de Rebellion & de voyes de fait qui seront arrêtés lors d'icelles, &c. 26 Mars 1720. & 4 May 1723.

Registré en la Cour des Aydes le 12 Juin 1723.

Arrest du Conseil, qui ordonne que tous Commis & Employés pour la Compagnie des Indes, Gabelles, Cinq Grosses Fermes, &c. veilleront à la conservation des différens Droits de toutes lesdites Fermes indistinctement. 26 Octobre 1719.

Sentence de l'Election de Paris, & Arrest de la Cour des Aydes, contre Duplessis & Dardel, Orfévres, surpris en contravention au Réglement de la Marque. 15 Nov. 1719 & 19 Avril 1720

Lettres Patentes, concernant la fraude des Fermes. 5 Dec. 1719.

Registrées en la Cour des Aydes le 14 Décembre 1719.

Déclaration, concernant la vaisselle d'argent. 18 Fevr. 1720.

Registrée le 24 Février 1720.

Déclaration, concernant les amendes prononcées contre les fraudeurs des Droits d'Aydes 16 Mars 1720.

Registrée en la Cour des Aydes le 20 Avril.

Arrest de la Cour des Aydes, portant Réglement pour les Enregistremens des Edits, Déclarations & Arrests de la Cour ès Siéges de son Ressort. 4 May 1720.

Arrest du Conseil & Lettres Patentes, servant de Réglement pour la Réception & Prestation de Serment des Commis des Fermes, le Paraphe & le Timbre de leurs Registres. 21 & 30 Juin 1720.

Registré en la Cour des Aydes le premier Aoust 1720.

Arrest du Conseil, qui ordonne l'exécution de la Déclaration du 18 Février 1720. concernant les ouvrages & vaisselles d'or & d'argent. 6 Juillet 1720.

Arrest du Conseil, en faveur des Commis des Fermes, au sujet de leurs Priviléges. 23 Juillet 1720.

Arrest du Conseil, qui liquide à 1510 livres 12 sols les indemnités pour les vaisselles d'argent marquées pendant le Bail de Charles Yvon, sans avoir payé les Droits de Controlle. M. S. 24 Sept. 1720.

Arrest du Conseil, portant acceptation des offres de Charle: Cordier pour la Régie des Fermes Générales, & 4 sols pour livre. M. S. 10 Janv. 1721.

11 Janv. 1721. Arrest du Conseil, pour la prise & possession de la Régie des Fermes Générales-Unies sous le nom de Charles Cordier, &c.

17 Janvier 1721 Arrest du Conseil, en faveur de Charles Cordier, pour la résiliation des Baux & sous-Baux, &c. faits par Armand Pillavoine, ou de les entretenir s'il le juge à propos.

18 Janv. 1721. Lettres Patentes sur Arrest, pour la continuation de la perception des 4 sols pour livre.

Registrées en Parlement le 5 Février.

5 Fevrier 1721. Arrest de la Cour des Aydes, portant confiscation de neuf cuillieres & fourchettes d'argent saisies, faute d'avoir été marquées, &c.

7 Avril 1721. Arrest de la Cour des Aydes, qui permet de faire Visites dans les maisons soupçonnées de fraude, en vertu d'une Ordonnance des Officiers de l'Election.

14 May 1721. & 11 Juillet 1724. Arrests de la Cour des Aydes, qui font défenses aux Horlogers d'avoir & recevoir chez eux aucunes Montres d'or ou d'argent dont les boëtes ne soient controllées, à peine de confiscation & de l'amende portée par l'Ordonnance de 1681.

14 Juillet 1721. 5 Mars & 7 Avril 1723. Sentence de l'Election, qui confisque sur Simon Gaucher, des Ouvrages d'or & d'argent, enregistrées sous un nom supposé.

Et Arrests de la Cour des Aydes, dont un fait main levée desdits ouvrages, en affirmant par le Particulier qu'ils lui appartiennent.

Et le second, faute d'affirmation faite, confirme ladite Sentence. M. S.

15 Juillet 1721. Arrest du Conseil, qui permet à Cordier de faire des sous-Baux & Abonnemens des Droits de Marque & de Controlle sur les Ouvrages d'or & d'argent.

7 Octobre 1721. Déclaration du Roy, concernant les Inscriptions de faux.

Registré en la Cour des Aydes le 11 Décembre 1721.

23 Nov. 1721. Déclaration du Roy, concernant la vaisselle d'argent, en onze articles.

Registrée en Parlement le 13 Décembre 1721.

Décembre 1721. Edit; portant rétablissement des six Offices d'Affineurs; sçavoir, deux à Paris & quatre à Lyon.

Registré en Parlement & Cour des Monnoyes de Paris le 23.

23 Janv. 1722. Arrest du Conseil, portant qu'il sera fait de nouveaux Poinçons

& Cachets pour servir à marquer les Ouvrages d'or & d'argent, à commencer au 15 Février prochain.

Arrest de la Cour des Aydes, sur l'appel d'une Sentence de l'Election de Paris, *30 Janv. 1722.*
Qui condamne en 25 livres d'amende Laurent Bessy, Marchand de Vin, pour refus d'ouverture de porte; & faute par lui d'avoir souffert les Visites & Exercices des Commis.

Réglement sur la sortie des Bijoux. M. S. *26 Février 1722.*

Arrest du Conseil, qui ordonne que les gardes d'Epée d'argent & d'argent doré, ensemble les Bijoux d'or & d'argent, &c. qui sortiront de la Flandre & du Haynault, payeront les Droits de sortie, à raison de six pour cent de leur valeur. *30 Mars 1722.*

Sentence de l'Election de Paris, & Arrest de la Cour des Aydes, confirmatif d'icelle, *4 May & 31 Mars 1724.*
Qui condamne le nommé Odiot, Orfévre, & son Compagnon solidairement en 200 livres de dommages & intérêts, & aux dépens envers le Fermier de la Marque d'or & d'argent, à cause de rebellion, &c.

Arrest du Conseil, qui ordonne aux Horlogers de porter leurs ouvrages d'or & d'argent au Bureau de la Maison commune des Orfévres pour y être essayés, en payant 40 sols pour tous droits, &c. *5 May 1722.*

Arrest du Conseil, qui dispense de l'essai les Ouvrages d'or & d'argent marqués du Poinçon de la Maison commune du Bureau des Orfévres & du Fermier, lorsqu'ils seront saisis : Dispense pareillement les ouvrages d'or & d'argent de Fabriques étrangeres, &c. *15 May 1722.*

Lettres Patentes sur l'Arrest du 15 May 1722. concernant les Essays des Ouvrages d'or & d'argent saisis. *28 Juin 1722.*
Registrées en la Cour des Monnoyes le 27 Février 1723.

Arrest du Conseil, qui liquide l'indemnité dûe à Charles Yvon, Fermier de la Marque d'or & d'argent pour la vaisselle marquée pendant son Bail, sans avoir payé les Droits. M. S. *18 Aoust 1722.*

Arrest du Conseil, qui liquide les diminutions d'especes à 595 livres pour le tems du Bail de la Marque d'or & d'argent de Charles Yvon. M. S. *18 Aoust 1722.*

Arrest du Conseil, qui proroge la Régie des Fermes Générales, sous le nom de Charles Cordier, pour la troisiéme année, à com- *Premier Sept. 1722.*

mencer au premier Octobre 1722. &c. M. S.

7 Sept. 1722. Arrest du Conseil, pour la prise de possession de la continuation de Régie des Fermes Générales-Unies sous le nom de Charles Cordier, pendant l'année qui commencera le premier Octobre 1722. &c.

13 Octob. 1722. Sentence de Police, qui fait défenses à toutes personnes sans qualité, de l'un & de l'autre sexe, communément appellés Courtiers, d'exposer en vente, débiter ni colporter dans la Ville & Fauxbourgs de Paris, aucuns ouvrages & matieres d'or & d'argent, Pierreries, Bagues & Joyaux, à peine, &c. M. S.

8 Decemb. 1722. Arrest du Conseil, qui casse une Sentence de l'Election de Blois, en ce qu'elle décharge les Orfévres de ladite Ville, de ce qu'ils devoient au Fermier de la Marque d'or & d'argent, attendu la résiliation des Baux, & la perte de l'Abonnement fait par lesdits Orfévres avec le précedent sous-Fermier, & les condamne à payer suivant ledit Abonnement perdu. M. S.

8 Dec. 1722. Arrest du Conseil, qui ordonne que les Orfévres d'Amiens payeront au Fermier de la Marque d'or & d'argent, sur le pied de leur précedent Abonnemement, quoiqu'il fût échû. M. S.

12 Février 1723. Arrest du Conseil, portant permission aux Horlogers d'achever de vendre leurs Ouvrages d'or marqués du Poinçon particulier.

8 Mars 1723. Arrest du Conseil, qui proroge la Régie des Fermes Générales, sous le nom de Charles Cordier, pour deux années qui sont la 4 & cinquiéme dudit Cordier, à commencer au premier Octobre 1723. M. S.

8 Mars 1723. Arrest du Conseil, qui casse deux Sentences de l'Election de Rouen, & ordonne la confiscation de vieux ouvrages d'argent saisis par défaut d'Enregistrement, & en deux amendes de 300 livres chacune. M. S.

26 Avril 1723. Arrest du Conseil, qui déboute les Orfévres de Blois de leur opposition à l'Arrest du 8 Décembre 1722. par lequel ils ont été condamnés à payer les Droits de Marque & de Controlle sur les Ouvrages d'or & d'argent, sur le pied des Abonnemens par eux faits avec le Fermier desdits Droits. M. S.

May 1723. Edit, portant suppression d'Essayeurs & de Controlleurs des Ouvrages d'orfevrerie & réunion de leurs Droits à la Ferme de la Marque d'or & d'argent.

Registré en Parlement & Cour des Aydes, les 5 Aoust & 6 Octobre audit an.

A la suite duquel se trouvent les Arrêts du Conseil des 29 Octobre 1718. 23 Aoust & 13 Septembre 1723. & Lettres Patentes du 7 Octobre 1723. Registrés en la Cour des Aydes le 24 Novembre, portant Réglement pour la levée & perception des 4 sols pour livre desdits Droits.

Lettres Patentes sur Arrest, portant défenses au Fermier de la Marque d'or & d'argent d'apposer son Poinçon de charge sur les ouvrages que celui de la Maison commune des Orfévres n'ait été préalablement appliqué. *3 Juin 1723.*

Registré en la Cour des Aydes le 5 Juillet.

Arrest du Conseil, qui ordonne la confiscation au profit du Fermier, d'ouvrages d'argent qui ont été travaillés avant l'apposition du Poinçon de charge du Fermier, nonobstant un Arrest du Parlement de Metz qui avoit jugé au contraire. M. S. *4 Octob. 1723.*

Arrest de la Cour des Monnoyes, qui fait défenses à Jean Morel, sous-Fermier des Droits de Marque & de Controlle d'or & d'argent battu & en feuille, & à la Communauté des Batteurs d'or de Paris, de se pourvoir en l'Election pour raison des contestations qui pourroient survenir entr'eux, & évoque à elle les Instances, *&c.* M. S. *20 Nov. 1723.*

Arrest du Conseil, concernant l'affirmation des Procès-verbaux des Commis des Fermes, devant les Juges Royaux ou des Seigneurs, en exécution de la Déclaration du 30 Janvier 1717. *22 Nov. 1723.*

Arrest de la Cour des Aydes, qui ordonne que, sans avoir égard à l'Arrest de la Cour des Monnoyes du 20 Novembre 1723. qu'il défend d'exécuter, la procédure extraordinaire encommencée en l'Election, à la requête du Sieur Russeau, Caution de Jean Morel, sous Fermier des Droits de Marque, *&c* y sera continuée, *&c.* *23 Nov. 1723.*

Sentence de l'Election de Paris qui déclare plusieurs Marchandises d'or & d'argent battus en feuilles, acquis & confisqués au profit du Fermier sur la Veuve Bodasse, qu'elle condamne en 100 livres d'amende, & en 200 livres de dommages & interêts pour la rebellion, & aux dépens. *29 Nov. 1723.*

Enjoint à la Communauté des Batteurs d'or & à ladite Veuve Bodasse de souffrir les Visites & Exercices des Commis avec douceur, *&c.* M. S.

Arrest du Conseil & Lettres Patentes servant de Réglement pour *7 & 15 Décemb. 1723.*

les Inscriptions de faux contre les Procès-verbaux des Employés des Fermes.

Registrés en la Cour des Aydes le 14 Décembre 1724.

8 Dec. 1723. Lettres Patentes sur un Arrest du 30 Novembre 1723. qui ordonnent que les Jugemens interlocutoires & d'instruction des Juges des Fermes & des Gabelles seront exécutés nonobstant les Appels qui en pourroient être interjettés.

Registrées en la Cour des Aydes le 14 Fevrier 1724.

14 Dec. 1723. Arrest du Conseil, qui casse une Sentence du Juge des Traites de Laval, confisque les Marchandises saisies sur le nommé Rottureau, & le condamne en 300 livres d'amende pour avoir fait une fausse déclaration; fait défenses au Juge & à tous autres d'admettre à l'avenir la preuve testimoniale, *&c.*

4 Janv. 1724. Déclaration, concernant la Marque d'or & d'argent.

Enregistrée en la Cour des Monnoyes le 5 Février.

11 Fevrier 1724. Arrest de la Cour des Aydes, qui casse une Sentence de l'Election de Paris, fait main levée à la Veuve Bodasse, des Marchandises confisquées par ladite Sentence, condamne le Fermier aux dépens, *&c.* M. S.

27 Fevrier 1724. Arrest du Conseil & Lettres Patentes pour continuer pendant trois ans la perception des 4 sols pour livre sur les Droits des Fermes de Sa Majesté.

Registrés en Parlement le 13 Mars.

3 Avril 1724. Arrest du Conseil, qui ordonne que les Batteurs d'or de Paris payeront 3000 livres par an pour leur Abonnement pour les Droits de Marque d'or & d'argent, au lieu de 1000 livres qu'ils payoient. M. S.

4 Avril 1724. Lettres Patentes sur Arrest concernant les Jugemens interlocutoires des Juges des Fermes.

Registrées en la Cour des Aydes le 16 Juin

2 May 1724. Arrest du Conseil, qui ordonne que les ouvrages d'argent saisis pour être marqués de faux Poinçons de décharge du Fermier, seront confisqués à son profit, nonobstant la grace que le Roy a accordé à Rheims en faveur de son Sacre, à l'Orfevre qui a été accusé de l'avoir marqué de faux Poinçons. M. S.

8 May 1724. Arrest du Conseil & Lettres Patentes, concernant les appellations qui sont portées à la Cour des Aydes de Paris, des Sentences ren-

dues en Matieres criminelles par les Juges des Fermes.

Registrés en la Cour des Aydes le 29 Novembre 1724.

Lettres Patentes sur Arrest, qui fixe le tems pour relever l'Appel des Jugemens portant confiscation ou amende en toutes matieres dépendantes des Fermes générales & particulieres. *10 Juin 1724.*

Registrées en la Cour des Aydes le premier Aoust 1724.

Arrest du Conseil, portant Réglement pour assurer les Droits de Marque & Controlle sur les Ouvrages d'or & d'argent venant de l'Etranger, ou des Provinces réputées étrangeres. *11 Juillet 1724.*

Arrests de la Cour des Aydes, concernant les Inscriptions de faux, contre les Procès-verbaux des Commis des Fermes. M. S. *14 Juillet 1724. & 18 May 1729.*

TABLE CHRONOLOGIQUE DES EDITS, DECLARATIONS, LETTRES PATENTES, ARRESTS ET REGLEMENS, *CONCERNANT* LA MARQUE ET CONTROLLE DES OUVRAGES D'OR ET D'ARGENT.

TOME III.

ARREST du Conseil, qui, en confirmant la Déclaration du 16 Mars 1720. déclare deux Particuliers non recevables en leur Appel à la Cour des Aydes, d'une Sentence de l'Election de Rethel, du 18 Aoust 1724. pour n'avoir pas consigné l'amende en laquelle ils avoient été condamnés. *9 Janv. 1725.*

Arrest du Conseil, qui ordonne à tous Orféves & Ouvriers travaillant les matieres d'or & d'argent, d'apporter au Bureau de Cordier chargé de la Régie des Fermes générales, tous les ouvrages d'or & d'argent destinés à être essayés & marqués du Poinçon de la Maison commune desdits Orféves, pour être marqués du Poinçon de charge dudit Cordier, avant d'être portés audit Bureau de la Maison commune, & defend aux Maîtres Gardes de l'Orfévrerie, de faire aucuns essais, qu'ils ne leur ayent paru marqués dudit Poinçon de charge, à peine de 500 liv. d'amende. *23 Janv. 1725.*

Arrests du Conseil. Le premier ordonne l'exécution du Réglement de l'Orfevrerie, du 30 Décembre 1679. & de l'Arrest du Conseil & Lettres Patentes des 2 Avril & 10 Juin 1697. casse une Sentence de l'Election de Paris, confisque au profit du Fermier 8 piéces d'ouvrages d'or, *&c.* sur Louis Herbault, Orféve, condamné en 800 liv. d'amende, à raison de 100 liv. par piéce. *23 Janv. & 27 Mars 1725.*

Et le second déboute ledit Herbault de son opposition audit Arrest du 23 Janvier, & le condamne au coût du présent Arrest liquidé à 30 livres.

20 Février 1725. Arrest du Conseil, qui ordonne que huit boëtes d'argent à savonnettes & éponges, *&c.* saisies sur Albert Ponnée seront confisquées au profit du Fermier, condamne ledit Ponnée aux dépens, *&c.* & ordonne l'exécution de l'Arrest du Conseil du 20 May 1724.

24 Avril & 7 May 1725. Arrest de la Cour des Monnoyes, qui condamne un Orfévre en l'amende, & déclare un Compagnon Orfévre incapable de passer à la Maitrise, pour contravention par eux commises.

25 Avril 1725. Arrest du Conseil & Lettres Patentes, portant modération des Droits de Marque & de Controlle sur les Ouvrages d'or & d'argent qui passent à l'Argue de Paris.

Registré en la Cour des Aydes le 29 May.

8 May 1725. Arrest du Conseil, qui casse un Arrest de la Cour des Monnoyes de Lyon, du 21 Mars dernier, ordonne l'exécution des Edits de Décembre 1692. Novembre 1693. Décembre 1721. & de l'Arrest du 10 Février 1711. Défend aux Tireurs d'or de Paris & de Lyon, de vendre ou échanger leurs retailles d'or ou d'argent à d'autres qu'aux Directeurs des Monnoyes, ou aux Affineurs desdites Villes, *&c.*

5 Juin 1725. Arrest du Conseil, en forme de résultat, qui proroge les Droits de la Régie, dépendans des Fermes générales, ensemble des 4 sols pour livre pendant trois années qui commenceront au premier Octobre 1725.

12 Juin 1725. Arrest du Conseil, par lequel Sa Majesté, en interprétant l'Arrest du 15 May 1722 déclare n'avoir entendu comprendre dans ledit Arrest les ouvrages d'or & d'argent saisis, ou qui le seront à l'avenir, lorsqu'ils auront été argués par le Fermier, comme marqués d'un faux Poinçon de décharge; & ordonne que les ouvrages seront remis au Greffe de la Cour des Monnoyes les plus prochaines, pour le titre en être jugé conformément à la Déclaration du 23 Novembre 1721.

19 Juin 1725. Arrest du Conseil, pour la prise de possession de la continuation de la Régie des Fermes Royales-Unies, sous le nom de Charles Cordier pendant trois années, qui commenceront au premier Octobre 1725 *&c.* & au premier Janvier 1726. *&c.*

24 Juillet & 6 Arrests du Conseil. Le premier déclare quatre Sallieres d'argent sans aucun Poinçon de décharge, confisquées au profit du Fermier, sur les y dénommés, condamnés en 100 liv. d'amende pour chacune desdites piéces. *& 8 Nov. 1715 & 12 Juillet 1719.*

Le second déboute les mêmes de leur opposition audit Arrest.

Et le troisiéme déboute les Maîtres & Gardes de l'Orfévrerie, de leur opposition ausdits Arrests.

Déclaration, qui ordonne que les Procès-verbaux des Commis des Fermes, tant en matiere civile que criminelle, seront affirmés véritables, à peine de nullité. *4 Octob. 1725.*

Registrée en la Cour des Aydes le 13 Décembre.

Placet présenté à M. de Gaumont Conseiller d'Etat, Intendant des Finances, par les Tireurs d'or, pour obliger le Fermier à avoir des fillieres, sur lequel est intervenu l'Arrest & Lettres Patentes du 7 May 1726. ci-après. *26 Janvier 1726.*

Arrest de la Cour des Aydes, qui ordonne l'exécution de celui de ladite Cour, du 13 Mars 1724. & que le Fermier pour les dépens à lui adjugés par le même Arrest, ne pourra se pourvoir que sur les propres de la femme, l'usufruit réservé au mari pendant sa vie. *9 Avril 1726.*

Arrest du Parlement de Dijon, qui condamne Pierre Maulny à faire Amende honorable, & à être pendu, pour avoir marqué une Tasse d'argent d'un faux Poinçon, *&c.* *13 Avril 1726.*

Arrest du Conseil, portant Réglement pour le commerce des matieres d'or & d'argent. *20 Avril 1726.*

Registré en la Cour des Monnoyes le 3 May.

Arrest du Conseil & Lettres Patentes, qui ordonne que le Fermier de la Marque d'or & d'argent, aura des fillieres propres à tirer & dégrossir les Lingots qui seront portés au Bureau de l'Argue, par les Maîtres Tireurs d'or qui n'auront point de fillieres à eux appartenantes, & payeront 1 livre 10 sols par Lingot du poids de 35 à 45 marcs, non compris les 20 sols par Lingot qui se payent par tous les Tireurs d'or, pour la façon des Lingots qui passent audit *7 May 1726.*

Registrées en la Cour des Monnoyes, le 13 Aoust

Arrest du Conseil, qui ordonne l'exécution de la Déclaration du 18 Décembre 1714. en conséquence déclare nulle une Inscription de faux formée contre un Procès verbal de Commis des Fermes, faute d'avoir formé ladite Inscription de faux dans le jour de l'échéance de l'Assignation. *4 Juin 1726.*

10 *Sept.* 1726. Arrest du Conseil, qui ordonne que les seuls Marchands & Négocians auront 24 heures pour faire leurs déclarations des Ouvrages d'or & d'argent fabriqués dans les Pays étrangers ou Principautés enclavées dans le Royaume.

17 *Sept.* 1726. Arrest du Conseil, pour la prise de possession du Bail fait à Louis Bourgeois, le 10 Septembre 1726. des Fermes Générales-Unies, dont la Régie a été faite sous les noms de Charles Cordier, Martin Girard, *&c.* pour six années, *&c.*

5 *Nov.* 1726. Arrest du Conseil, qui permet au Fermier de la Marque d'or & d'argent, d'entretenir ou de résilier les sous Baux & Abonnemens faits par les précedens Fermiers, *&c.*

22 *May* 1727. Déclaration, portant Réglement pour les Inscriptions de faux, contre les Procès-verbaux des Employés des Fermes dans le Ressort du Parlement de Grenoble.

Registrée audit Parlement le 24 *Juillet* 1727.

24 *Juin* 1727. Arrest du Conseil, lequel: sans avoir égard à la proposition des Maîtres & Gardes de l'Orfévrerie & à leurs demandes, ordonne que l'Ordonnance de Juillet 1681. au Titre des Droits de Marque d'or & d'argent, & les Déclarations, Arrests & Réglemens depuis intervenus, ensemble le Bail fait par Pierre Carlier Adjudicataire des Fermes générales, à Jacques Cottin, *&c.* seront exécutées, *&c.*

Premier Juillet 1727. Arrest du Conseil, qui dispense le Fermier de la Marque d'avoir aucun égard aux Certificats délivrés ou à délivrer par le Sieur Delaunay, Directeur de la Monnoye des Médailles, en conséquence de l'Arrest du Conseil du 8 Juin 1709. *&c.*

8 *Aoust* 1727. Arrest de la Cour des Aydes, en faveur de Jacques Adrien le Clerc, sous Fermier de la Marque d'or & d'argent d'Orléans, contre Louis Hennapier Marchand Orfévre de ladite Ville.

Octob. 1727. Memoire instructif pour la Régie de la Ferme de la Marque d'or & d'argent.

18 *Nov.* 1727. Arrest du Conseil, qui juge que les Commis des Aydes pourront valablement faire les fonctions de leurs Emplois, & rendre des Procès verbaux des fraudes & contraventions, lorsqu'ils ne seront ni parens, ni alliés de l'Adjudicataire de la Ferme, & qu'ils n'y seront point intéressés.

29 *Dec.* 1727. Déclaration, portant Réglement sur l'Orfevrerie dans la Province d'Alsace.

Regiſtrée au Parlement de Metz le 3 Février 1728.

Déciſion du Conſeil, qui accorde aux Fermiers de la Marque d'or & d'argent, le tiers des confiſcations & amendes des ſaiſies qui ſeront faites par leurs Commis à Lyon, avec Copie de la Lettre des Fermiers généraux, écrite à leur Directeur à Lyon. *6 Mars & 9 Avril 1728.*

Arreſt du Conſeil, qui enjoint aux Officiers des Elections, lorſqu'ils prononceront la nullité des Procès verbaux des Commis des Aydes, d'expliquer & déſigner expreſſément dans leurs Sentences les nullités qu'ils y auront trouvées. *9 Mars 1728.*

Arreſt du Conſeil, qui liquide à 7352 liv. 14 ſols 7 den. l'indemnité dûe à Jacques Cottin ſous Fermier de la Marque d'or & d'argent pour les vaiſſelles marquées pour le Roy pendant l'année du premier Octobre 1726. au dernier Septembre 1727. *11 May 1728.*

Sentence de l'Election de Paris, & Arreſt de la Cour des Aydes, qui condamnent le Fermier à ne percevoir ſur les vieux ouvrages d'argent auſquels on aura ajouté du neuf, que les Droits de l'argent neuf qui aura été ajouté. *23 Juillet & 28 Decembre 1728.*

Sentence de l'Election de Paris, Arreſt de la Cour des Aydes, & deux Arreſts du Conſeil. *4 Aouſt 1728. 9, 22 Mars & 21 Juin 1739.*

La Sentence condamne Maximilien-Joſeph le Begue, Orſévre de Paris, à faire Amende honorable, à être pendu, & en 3000 livres d'amende envers le Fermier de la Marque d'or & d'argent, en 1000 liv. envers les Gardes de l'Orfevrerie, & 10 livres envers le Roy, & en tous les dépens, pour avoir été trouvé ſaiſi de faux Poinçons imitans ceux de la Maiſon commune & de la Ferme deſdits Droits : Ordonne la confiſcation de 13 plats & 12 aſſietes d'argent ſaiſis chez David André, Orſévre, marqués deſdits faux Poinçons, & de 11 plats & une piece d'argent brut ſaiſis chez ledit le Begue au profit du Fermier.

L'Arreſt de la Cour des Aydes de Paris, confirme la Sentence cideſſus, en ce qui concerne ledit le Begue, & le condamne en 12 livres d'amende, fait pleine & entiere main-levée des 13 plats & 12 aſſietes ſaiſis ; & faiſant droit ſur la Requête dudit le Begue à fin d'enregiſtrement des Lettres à lui accordées, portant commutation des peines d'amende honorable & de mort, en celles des Galleres perpétuelles : Ordonne que leſdites Lettres ſeront enregiſtrées.

Le premier Arreſt du Conſeil, ſur la Requête du Fermier, en caſſation de celui ci-deſſus, ordonne que les 13 plats & 12 aſſietes ſaiſis ſur ledit André, ſeront remis au Greffe des Monnoyes, *&c.*

& que le Procureur Général de la Cour des Aydes envoyera dans quinzaine les motifs dudit Arrest, *&c.* toutes choses cependant demeurant en état.

Et le second Arrest du Conseil, définitif & rendu sur lesdits motifs, casse & annulle celui de la Cour des Aydes, & ordonne que les 13 plats & 12 assiettes seront remis au Change de la Monnoye pour être fondus & convertis en especes, *&c.* la valeur confisquée conformément à ladite Sentence de l'Election, & payée au Fermier, condamne en outre ledit André en 100 liv. d'amende pour chacune piece, & en tous les dépens, *&c.*

17 Aoust 1728. Arrest du Conseil, qui, sans s'arrêter à celui de la Cour des Aydes de Paris, rendu sur un défaut, faute de comparoir le 28 Juillet dernier, en ce que l'amende de 500 liv. pour fraude d'Entrepôt, a été moderée à 100 liv. condamne Sevre & Noise en 500 liv. d'amende, *&c.*

20 Aoust 1728. Arrest de la Cour des Monnoyes, qui condamne Joachim Pinard, Prevost des Monnoyes, à se défaire de sa Charge, *&c.*

24 Aoust 1728. Arrest du Conseil & Lettres Patentes, concernant la contrainte par corps, pour le payement des Droits concernant les Fermes.

Registrés en la Cour des Aydes le 24 Septembre.

31 Aoust 1728. Arrest du Conseil, qui liquide à 1348. liv. 4 s. l'indemnité dûe à Jacques Cottin, Fermier de la Marque d'or & d'argent pour les Vaisselles d'or marquées pour Sa Majesté, depuis le premier Octobre 1727 jusqu'à ce jour, sans avoir payé ledit Droit de Controlle.

Décemb. 1728. Edit, portant suppression de l'Office de Receveur de la Marque d'or & d'argent de la Ville de Paris.

Registré en la Chambre des Comptes le 4 Février 1729.

14 Déc. 1728. Lettres Patentes sur Arrest, concernant les Visites des Commis des Fermes dans les Abbayes & Convents de Filles.

21 Déc. 1728. Déclaration, qui continue en faveur de l'Hôpital Général & des Enfans Trouvés de la Ville de Paris, la perception pendant quatre années du vingtiéme sur tous les Droits qui se levent dans ladite Ville.

17 Janv. 1729. Sentence de l'Election de Paris, qui déclare nul un Procès-verbal, en conséquence fait main-levée à Jacques Pollet, Orfévre, de 300 tasses d'argent sur lui saisies par ledit Procès-verbal, *&c.*

Arrest du Conseil, qui casse un Arrest de la Cour des Aydes, du *22 Mars 1729.*
9 du présent mois, & qui ordonne que les 13 plats & 12 assiettes d'argent saisis par les Commis, & confisqués par Sentence de l'Election du 4 Aoust dernier, *&c.*

Arrest contradictoire de la Cour des Aydes, qui déclare Nicolas *18 May 1729.*
Capronier non-recevable dans une Inscription de faux, pour l'avoir formée le dixiéme jour de l'Assignation, *&c.*

Arrest de la Cour des Monnoyes, portant Réglement pour les *2 Juin 1729.*
Maîtres Orfévres & Marchands Merciers, *&c.*

Arrest de la Cour des Aydes, qui confisque sur Jean Duhamel & *15 Juin 1729.*
Jean Pollet trois tasses d'argent neuves, *&c.*

Arrest de la Cour des Monnoyes, portant défenses aux Maîtres Bou- *21 Juin 1729.*
tonniers de travailler du Métier de Maître Orfévre, & de fondre des matieres d'or & d'argent, *&c.*

Arrest du Conseil, qui enjoint au premier Officier de l'Election *21 Juin 1729.*
de Vendôme, de viser les contraintes du Fermier des Aydes, *&c.* de répondre les Requêtes, *&c.* de recevoir le serment des Commis, *&c.* & de se conformer aux Ordonnances & Réglemens, *&c.*

Deux Arrests du Conseil. Le premier rendu sur la Requête du Fer- *18 Octobre & 22 Novemb. 1729.*
mier rendu sur la Requête du Fermier de la Marque d'or & d'argent, ordonne l'exécution de l'Ordonnance du mois de Juillet 1681. *&c.*

Le second déboute Claude Lemire, de l'opposition par lui formée au premier Arrest, & en ordonne l'exécution.

Sentence de l'Election de Paris, & Arrest de la Cour des Aydes, *23 Déc. 1729. & 23 May 1730.*
qui confisquent au profit du Fermier de la Marque d'or & d'argent, les ouvrages d'argent déclarés marqués de faux Poinçons, saisis sur Charles Despots fils & sa femme, & Alexandre Lenoir, Orfévres à Paris, les condamnent solidairement en 3000 liv. d'amende, & en tous les dépens.

Edit, portant suppression de l'Office de Receveur de l'argue créé *Janv. 1730.*
par Edit de Septembre 1705. & qui permet à Jacques Cottin, sous-Fermier de la Marque d'or & d'argent, de faire faire ladite Recette, à la charge par lui de rembourser la finance dudit Office dont il sera lui-même remboursé à la fin de son Bail par le Fermier qui lui succedera.

Registré en la Chambre des Comptes le 6 Février 1730.

20 *Février* 1730. Décision, portant que les Tireurs d'or demandant la révocation de l'Arrest du Conseil du 10 Janvier 1688. de celui du 24 Avril 1725 & des Lettres Patentes du 7 May suivant, qui leur défendent d'avoir dans leurs Maisons ni ailleurs aucuns bancs attachés ni scellés en plâtre pour tirer aucuns ouvrages, *&c.*

En marge est écrit de la main de M. le Controlleur Général, Rien à changer aux Lettres Patentes de 1725.

7 *Mars* 1730. Arrest du Conseil, qui liquide la Finance de l'Office de Receveur de l'Argue, à la somme de 2240 liv.

11 *Mars* 1730. Arrest de la Cour des Monnoyes, portant Réglement pour les Fondeurs en or & en argent.

29 *Mars* 1730. Arrest de la Cour des Monnoyes portant Réglement pour l'Orfevrerie, *&c.*

29 *Mars* 1730. Arrest de la Cour des Monnoyes, portant Réglement pour les Maîtres Orfévres, *&c.*

30 *Mars* 1730. Arrest de la Cour des Monnoyes, portant Réglement pour l'Orfeurerie, *&c.*

20 *Juin* 1730. Arrest du Conseil, en faveur de Jean Ecosse Marchand Orfévre-Joyaillier à Paris, & des Gardes en Charge dudit Corps, contre l'Arrest de la Cour des Monnoyes, du 18 Avril 1730. *&c.*

3 *Octobre* 1730. Arrest du Conseil, qui ordonne au Fermier de la Marque d'or & d'argent du Bail de Cotin, de remettre à Louis Gervais, *&c.* les Matrices, Poinçons & Cachets dont ils se sont servis pendant le Bail

Permet au nouveau Fermier de résilier les arrieres-Baux, *&c.*

Ordonne que le Bail fait audit Gervais sera enregistré sans frais.

16 *Mars* 1731. Sentence de l'Election de Paris, qui, sans s'arrêter à la demande de la Communauté des Maîtres & Marchands Lapidaires : Ordonne que le Fermier continuera à faire ses Visites chez eux, & les condamne aux dépens, *&c.*

31 *Juillet* 1731. Arrest du Conseil, qui casse une Sentence de l'Election de Lyon, déclare six Chandeliers, & un cocquemart d'argent, acquis & confisqués au Fermier sur Madame de Romanech condamnée en 100 livres d'amende pour chaque piéce, *&c.*

13 *Sept.* 1731. Sentence de l'Election de Paris, qui déclare un plat d'argent vieux

vieux auquel on avoit rapporté une moulure neuve, acquis & confisqué au Fermier sur Theodore Simon Reconseil & sa femme, condamnés en 100 liv. d'amende & aux dépens, *&c.*

Arrest du Conseil & Lettres Patentes, qui permettent aux Fermiers & sous Fermiers des Fermes du Roy, de se servir de tous Huissiers ou Sergens Royaux, à l'exception néanmoins de ceux des Justices Royales, *&c.* *30 Octobre & 4 Décembre 1731.*

Registrés en la Cour des Aydes le 19 Décembre.

Arrests du Conseil. Le premier casse une Sentence de l'Election de Paris, confisque au profit du Fermier de la Marque d'or & d'argent, 14 piéces de sucriers saisis sur David André Marchand Orfévre, faute de les avoir représentés aux Commis lors de leur Visite, & le condamne en 100 livres d'amende pour chacune piéce, *&c.* *14 Déc. 1731. & 19 Aoust 1732.*

Le second déboute ledit André de son opposition audit Arrest, & les Maitres & Gardes de l'Orfevrerie de Paris, de leur intervention.

Arrest de la Cour des Aydes, en faveur de la Communauté des Maitres & Marchands Lapidaires & Joyailliers de la Ville & Fauxbourgs de Paris. *23 Janvier 1732.*

Contre le Fermier de la Marque d'or & d'argent.

Déclaration, en faveur de l'Hôpital Général & des Enfans Trouvés de Paris, pour la perception pendant six années du vingtiéme sur tous les droits qui se levent dans ladite Ville, à l'exception des Droits sur les Vins, Eaux de Vie, Liqueurs & autres Boissons, *5 Mars 1732.*

Registrée en Parlement le 5 Avril 1732.

Déclaration du Roy, concernant les Inscriptions de faux. *23 Mars 1732.*

Registrée en la Cour des Aydes le 30 Avril 1732.

Sentence de l'Election de Paris. *30 Avril 1732.*

Arrest de la Cour des Aydes de Paris. *20 Févr. & 11*

Arrest du Conseil. *Aoust 1733.*

La Sentence confisque au profit des Fermiers sur Nicolas Larcher, Mercier, 90 Bagues d'or, 22 paires de Boucles d'argent à oreilles, 3 paires de Boutons d'argent de manches, 32 Bagues d'argent, 3 Cachets d'argent, le tout monté de Cornalinnes & de pierres fausses, une paire de vieilles Boucles d'or à oreilles, & un vieux Dé d'argent; & le condamne en 100 liv. d'amende & aux dépens.

L'Arrest de la Cour des Aydes infirme la Sentence, fait main-levée des choses saisies, & condamne le Fermier en tous les dépens.

L'Arrest du Conseil, casse celui de la Cour des Aydes, confirme la Sentence, & condamne Larcher en 100 liv. d'amende pour chaque piéce, & en tous les dépens.

3 Aoust 1732. Déclaration, qui proroge pendant six années, à commencer au premier Octobre prochain, la levée des différens Droits y énoncés, & ordonne la suppression ou modération d'une partie desdits Droits.

Registrée en Parlement, Chambre des Comptes & Cour des Aydes, les 5, 13 & 19 Septembre 1732.

12 Aoust 1732. Arrest du Conseil, qui permet à Louis Gervais de faire faire de nouveaux Poinçons, & de contre-marquer tous les ouvrages d'or & d'argent qui se trouveront chez les Orfévres-Joyailliers, Fourbisseurs, Horlogers, Graveurs & autres Marchands qui font commerce d'ouvrages d'or & d'argent.

20 Aoust 1732, 20 Janv. 19 May & 11 Aoust 1733. Quatre Arrests du Conseil. Le premier & le second ordonnent au Procureur Général de la Cour des Aydes, d'envoyer incessamment les motifs sur lesquels est intervenu l'Arrest de ladite Cour, du 23 Janvier 1732. *&c.*

Le troisiéme casse & annulle deux Sentences de l'Election de Paris, des 16 Mars 1731. & 30 Avril 1732. *&c.*

Et le quatriéme déboute ladite Communauté des Lapidaires, lesdits Desfeves & Larcher de leur opposition à l'Arrest du 19 May 1733. & les condamnent au coût de l'Arrest liquidé à 60 liv.

2 Sept. 1732. Arrest du Conseil, qui subroge Hubert Louvet au lieu & place de Louis Gervais, Fermier de la Marque d'or & d'argent.

17 Sept. 1732. Arrest de la Cour des Monnoyes, qui érige les Fermiers de Saint Germain en Laye en Chambre commune.

23 Sept. 1732. Déclaration, qui ordonne que les affirmations des Procès-verbaux des Employés de toutes les Fermes, pourront être par eux valablement faites devant les Juges des lieux, ou les plus prochains, soit Royaux ou des Seigneurs.

Registrée en la Cour des Aydes le 10 Octobre.

23 Sept. 1732. Arrest du Conseil, qui casse une Sentence de l'Election de Paris, du 28 Aoust 1732. pour avoir annullé une Assignation donnée le neuviéme jour de la date de l'affirmation du Procès verbal, *&c.*

Confisque 28 feuillettes de Vin venant du Comté d'Auxerre ; Pays exempt du Gros, & pour lequel il avoit été pris un Congé dans un lieu sujet pour frauder celui de Gros d'arrivée au Port d'Ablon, *&c.*
Condamne solidairement Laurent Robert, Marinier à Auxerre, & Germain Dauvin, Tonnelier à Ablon, *&c.* en 100 liv. d'amende & aux dépens, *&c.*

Sentence de l'Election de Paris.

Arrest de la Cour des Aydes.

Trois Arrests du Conseil. *26 Sept. 1732. 9 Juillet 1734. Premier Févr. 24 Mars & 13 Décemb. 1735.*

La Sentence, déclare un plat & 12 manches de couteaux d'argent neuf finis, & 11 piéces d'argent vieilles, rendues au Sieur Delaunay, acquis & confisqués au profit du Fermier sur Theodore-Simon Reconseil & sa femme, Orfévre, les condamne solidairement à payer la valeur desdites onze piéces d'argent vieilles, en l'amende de 100 livres, & aux dépens.

L'Arrest de la Cour des Aydes, qui casse la Sentence de l'Election, décharge lesdits Reconseil & sa femme de ladite condamnation seulement, de payer au Fermier la valeur desdites onze piéces d'argent rendues audit Sieur Delaunay, la Sentence au résidu sortissant son plein & entier effet, & condamne lesdits Reconseil & sa femme aux depens.

Le premier des trois Arrests du Conseil, casse & annulle l'Arrest de la Cour des Aydes, en ce qu'il fait main-levée audit Reconseil desdites 11 piéces d'argenterie sur lui saisies, les déclare acquises & confisquées au profit du Fermier, & condamne lesdits Reconseil & sa femme solidairement à lui en payer la valeur.

Le second déboute lesdits Reconseil & sa femme de leur opposition au premier Arrest, & en ordonne l'exécution.

Le troisiéme déboute lesdits Reconseil & sa femme de leur opposition aux deux premiers Arrests, en ordonne l'exécution, *&c.*

Sentence du Lieutenant Général de Police, au profit du Corps des Marchands Orfévres-Joyailliers, contre les Compagnons Orfévres. *30 Sept. 1732.*

Arrest du Conseil d'Etat, qui ordonne que les sous-Baux & Abonnemens des Droits de la Marque d'or & d'argent faits par les sous-Fermiers des Baux précedens, finis le dernier Septembre dernier, *2 Decemb. 1732.*

seront continués & exécutés pendant le cours de celui fait à Cottin par Nicolas des Boves, Adjudicataire des Fermes generales, dont la jouissance a commencé le premier Octobre aussi dernier, *&c.*

15 Janv. 1733. & 17 Févr. 1734. Sentence de l'Election, & Arrest de la Cour des Aydes de Paris, rendus entre le Fermier de la Marque d'or & d'argent, & les Orfévres de Saint Germain en Laye, qui décident qu'un Orfévre abonné pour les Droits de Marque & de Controlle de tous les Ouvrages d'or & d'argent qu'il fera & vendra pendant son abonnement, doit à son expiration les Droits des Ouvrages qui se trouveront pour lors chez lui.

25 Février 1733. Arrest de la Cour des Aydes, qui infirme une Sentence de l'Election de Paris, du 13 Septembre 1731. en ce qu'elle avoit confisqué au profit du Fermier de la Marque d'or & d'argent, un plat d'argent vieux, auquel on avoit appliqué une moulure neuve, sans en avoir payé les Droits, & avoit condamné ledit Reconseil en 100 liv. d'amende; émendant, ordonne que la moulure seulement appliquée audit plat, demeurera confisquée, & condamne ledit Reconseil en 25 livres d'amende, & en tous les dépens.

May 1733. Edit, pour la suppression des six Offices d'Affineurs des Monnoyes de Paris & de Lyon, & création de pareils Offices.

Registré en la Cour des Monnoyes le 5 Juin 1733.

2 Juin 1733. Arrest du Conseil, qui déclare nulle une Adjudication faite des Droits de Marque & Controlle sur les Ouvages d'or & d'argent pour la Generalité de Poitiers, faute d'avoir été confirmée au Conseil, conformément à la condition y portée: Ordonne qu'il en sera fait une nouvelle par M. l'Intendant sur la soumission de 1500 liv. par an de Jean Chamois & Pierre Cholet, *&c.*

Premier Aoust 1733. Arrest du Conseil, qui modere les droits de sortie hors du Royaume, & ceux de Marque & Controlle sur la vaisselle d'argent & autres ouvrages d'Orfévrerie d'or & d'argent fabriqués dans la Ville de Paris, destinés pour les Pays étrangers, à commencer du premier Septembre prochain.

18 Aoust 1733. Arrest du Conseil & Lettres Patentes, qui dispense les Commis & Employés des Fermes qui ont prêté serment pendant les précedens Baux, de le prêter de nouveau pendant le Bail de Nicolas des Boves.

Registré en la Cour des Aydes le 11 Décembre 1733.

8 Sept. & 12 Nov. 1733. Arrest du Conseil & Lettres Patentes, en interprétation du Ré-

glement général sur le fait de l'Orfevrerie & de la Marque d'or & d'argent, du 30 Septembre 1733.
Enregistrée en la Cour des Monnoyes le 23 Novembre 1679.

Arrest de la Cour des Monnoyes, concernant l'Orfévrerie, qui proroge d'un mois le tems porté par les Lettres Patentes du mois de Novembre 1733. pour faire marquer, tant au Bureau de la Marque d'or, qu'à celui de la Maison commune, les ouvrages d'or & d'argent y spécifiés. *23 Déc. 1733.*

Sentence de Réglement, concernant les Compagnons Orfévres. *8 Janv. 1734.*

Arrest de la Cour des Monnoyes, portant Réglement pour l'Orfévrerie. *17 Fév. 1734.*

Arrest du Conseil, qui subroge la Communauté des Orfévres de Bordeaux, au Bail de l'arriere sous Ferme de la Marque d'or & d'argent, fait à Paul Fabry, en payant par elle 1000 liv. audit Fabry, par forme d'indemnité. *23 Fév. 1734.*

Arrest de la Cour des Monnoyes, concernant l'Orfevrerie. *24 Mars 1734.*

Arrest de la Cour des Monnoyes, qui ordonne que les Horlogers ne pourront vendre des Boëtes de Montre d'or & d'argent, qu'elles ne soient au titre prescrit par les Ordonnances, & qu'elles ne soient marquées du Poinçon du Maitre Orfévre & du Maitre Horloger qui les auront fabriquées & contre-marquées du Poinçon de la Maison commune de Paris, &c. *17 Avril 1734.*

Lettres Patentes, concernant l'exercice des Employés des Fermes. *23 Juin 1734.*
Registrée en la Chambre des Comptes & Cour des Aydes de Rouen, le 23 Juin 1734.

Arrest du Conseil, qui casse une Sentence des Juges Gardes de la Monnoye d'Orleans, &c. *10 Aoust 1734.*

Arrest du Conseil & Lettres Patentes, qui ordonnent la maniere & la forme dans lesquelles les Commis des Fermes du Roy pourront faire les Visites dans les Abbayes & autres Couvens de Filles. *19 Oct. 1734.*
Registrées en la Cour des Aydes le premier Décembre 1734.

Arrest du Conseil, qui permet à Hubert Louvet, Fermier de la Marque d'or & d'argent de faire faire de nouveaux Poinçons pour la Ville de Lyon. *14 Dec. 1734.*

4 Mars 1735. Sentence de Police, qui ordonne l'exécution du Réglement général rendu au Conseil, sur le fait de l'Orfevrerie, le 30 Décembre 1679. & autres Arrests rendus en conséquence. Enjoint aux Marchands Merciers de s'y conformer, *&c.*

8 Mars 1735. Arrest du Conseil, qui ordonne que les Syndics de la Communauté des Juifs de Metz, seront tenus de remettre au Bureau du Fermier de la Marque d'or & d'argent de ladite Ville, un état certifié de ceux desdits Juifs qui voudront faire commerce d'Ouvrages d'or & d'argent, *&c.*

8 Mars 1735. Arrest du Conseil, qui casse une Sentence des Juges Gardes de la Monnoye de Rennes, *&c.*

11 Janv. 1736. Déclaration, qui attribue au Président de chaque Election ou Grenier à Sel; & en son absence, à l'Officier qui le suit immédiatement, & ainsi successivement suivant l'ordre du Tableau, le pouvoir d'accorder seul les permissions d'informer, & décerner les Décrets qu'il appartiendra.

Registrée en la Cour des Aydes de Paris le 8 Février 1736.

21 Fevr. 1736. Arrest du Conseil, concernant les matieres d'or & d'argent battues en feüilles

Registré en la Cour des Monnoyes, le 12 Avril 1736.

Arrest du Conseil, qui ordonne que l'Instance pendante entre les Marchands Merciers de Paris, & les Marchands Orfévres, sur l'opposition formée en 1680 à l'Enregistrement du Réglement de 1679. concernant l'Orfevrerie, sera remise au Controlleur Général, pour, sur son Rapport, être fait droit aux Parties au Conseil Royal, ainsi qu'il appartiendra.

Mars 1736. Edit, portant suppression de l'Office de Controlleur des Soumissions des Orfévres de la Ville de Paris.

8 May 1736. Arrest du Conseil, qui liquidant la finance de l'Office de Controlleur des Soumissions des Orfévres de la Ville de Paris, à la somme de 9000 liv. ordonne que le remboursement en sera fait par les Cautions d'Hubert Louvet, Fermier actuel de la Marque d'or & d'argent, *&c.*

15 May 1736. Arrest du Conseil, qui déboute les Maîtres & Gardes de l'Orfevrerie, de l'opposition par eux formée à l'exécution de celui du 13 Décembre 1735 *&c.*

29 May 1736. Arrest du Conseil, qui ordonne que conformément à la Déclaration du 11 Janvier 1736. le Premier Président de l'Election de Paris, fera seul les fonctions de Lieutenant Criminel, à l'exclusion des autres Officiers de ladite Election.

Regiſtré au Greffe de l'Election de Paris le 16 Juin.

Arreſt de la Cour des Monnoyes, qui fixe le nombre des Orfévres de Verſailles à quatre Maîtres, & les érige en Chambre commune. *6 Juin 1736.*

Arreſt de la Cour des Monnoyes de Lyon, qui homologue une Déclaration des Tireurs d'or de ladite Ville, concernant leur nouvelle marque. *11 Juin 1736.*

Déclaration, concernant les Inſcriptions de faux contre les Procès verbaux des Commis & Employés des Fermes. *8 Sept. 1736.*

Regiſtrée en la Cour des Aydes le 5 Octobre.

Arreſt du Conſeil, qui ordonne que celui du 29 May précedent, ſera executé, caſſe la Délibération priſe par quelques uns des Officiers de l'Election de Paris, le 25 Octobre dernier, leur fait défenſes d'en prendre de ſemblables à l'avenir, à peine d'interdiction, &c. *20 Nov. 1736.*

Arreſt de la Cour des Aydes, confirmatif d'une Sentence de l'Election de Paris, du 30 Mars 1734. qui décharge le Sieur Jarry Orfévre, de la ſolidité contre lui prétendue par le Fermier de la Marque d'or & d'argent, pour s'être trouvé ſaiſi d'ouvrages marqués d'un faux Poinçon, ſous le Poinçon d'un autre Maître, &c. *15 Dec. 1736.*

Ordonnance, concernant le faux principal & faux incident, & la reconnoiſſance des écritures & ſignatures en Matiere criminelle. *Juin 1737.*

Regiſtrée en Parlement le 11 Décembre.

Arreſt de la Cour des Monnoyes, qui ordonne que 14 plaques d'argent contre-marquées à 11 deniers 5 grains du Poinçon de la Maiſon commune, lettre T. ſeront fondues à l'Hôtel de la Monnoye, & la valeur rendue à Pierre Bouſſot de Villeneuve, Horloger, lui adjuge 500 liv. de dommages & intérêts qui lui ſeront payés, &c. *9 Aouſt 1737.*

Arreſt de la Cour du Parlement, portant défenſes à tous Portiers & autres Prépoſés à la Garde des Portes, d'exiger ni recevoir aucune ſomme pour les ſignifications qui leur ſeront laiſſées. *28 Aouſt 1737.*

Arreſt de la Cour des Aydes, portant Réglement pour les fonc- *20 Sept. 1737.*

tions, droits & priviléges des Procureurs du Roy ès Elections.

3 Dec. 1737. Arrest du Conseil, qui ordonne l'exécution des articles 35, 36 & 37. du Titre commun pour toutes les Fermes, de l'Ordonnance du mois de Juillet 1681. en conséquence casse & annulle la procedure faite à la requête du Procureur du Roy du Châtelet de Paris, ensemble le Décret de prise de corps, &c. Interdisant ausdits Procureur du Roy & Lieutenant, la connoissance des affaires concernant les Fermes du Roy qui concernent l'Election, & par Appel la Cour des Aydes, &c.

Fin de la Table du Tome Troisiéme.

TABLE CHRONOLOGIQUE DES EDITS, DECLARATIONS, LETTRES PATENTES, ARRESTS ET REGLEMENS, *CONCERNANT* LA MARQUE ET CONTROLLE DES OUVRAGES D'OR ET D'ARGENT.

TOME IV.

DECLARATION, qui ordonne la continuation de la perception des Droits y énoncés. *7 Janv. 1738.*
Registrée en Parlement le 14.

Arrest de la Cour des Monnoyes, portant défenses à tous Maîtres & Marchands Orfévres, & autres envoyant leurs ouvrages d'or & d'argent à la contre-marque, de mettre dans un même sac des ouvrages de différentes fontes, sous les peines y portées. *17 May 1738.*

Arrest du Conseil, pour la prise de possession du Bail des Fermes Générales Unies, sous le nom de Jacques Forceville, pendant six années, à commencer du premier Octobre 1738. *&c.* *1 Juillet 1738.*

Arrest du Conseil, qui ordonne au profit de Robin, tous les arriers-Baux & Abonnémens faits par Hubert Louvet, Fermier actuel des Droits de Marque & Controlle sur les Ouvrages d'or & d'argent, *&c.* Permet audit Robin de se servir des Poinçons dudit Louvet, ou d'en faire faire de nouveaux, fixe le Droit d'insculpation & les Droits d'Enregistrement du Bail. *19 Aoust 1738.*

Acte passé entre les Tireurs d'or de Lyon & le Fermier de la Mar- *30 Janv. 1739.*

que d'or & d'argent, par lequel les premiers ont cedé & abandonné au Fermier ce qui pourroit leur appartenir dans le second Argue. M. S.

18 Mars 1739. Arrest de la Cour des Monnoyes, portant défenses de faire vendre, ni débiter or & argent faux, filé sur soye, ni aucun ouvrage de cette nature. M S.

16 Avril 1739. Extrait d'une Lettre écrite par les Fermiers Généraux au Sieur Adine leur Directeur des Fermes à Lyon. M. S.

29 Avril 1739. Déclaration, qui prononce des peines contre ceux qui abuseront des Poinçons de la contre Marque de l'Orfevrerie, en 3 articles.
Registrée en la Cour des Monnoyes le 17 Juin.

29 Avril 1739. Arrest de la Cour des Monnoyes, au profit des Marchands Orféves Joailliers, & des Maîtres Tireurs d'or de Paris, contre les Maîtres Chainetiers Haubergeonniers, *&c.* M. S.

5 May 1739. Arrest du Conseil, qui en ordonnant l'exécution de celui du 19 Aoust 1738. Veut que l'Abonnement fait par le précedent Fermier de la Marque d'or & d'argent de la Province de Bretagne, aux Orféves de S. Malo, sera continué au profit du Fermier actuel, *&c.* M. S.

4 Sept. 1739. Arrest de la Cour des Aydes, qui défend à toutes personnes de travailler en or & en argent dans aucuns Palais, Hôtels, Monasteres, Prieurés, Commaderies, Colleges & aucuns lieux clos & privilegiés, ou prétendus tels, en chambres & autres lieux secrets, si ce n'est aux Galleries du Louvre, *&c.*

14 Dec. 1739. Arrest de la Cour des Monnoyes, rendu en faveur de la Communauté des Maîtres Tabletiers de Paris.

18 Janv. 1740. Arrest du Conseil, qui casse un Arrest de la Cour des Monnoyes, du 9 Aoust 1737. rendu entre les Gardes Orféves de Paris, Boussot de Villeneuve, & M. le Procureur Général de ladite Cour, ensemble la procédure pour y parvenir. M. S.

19 Janv. 1740. Arrest du Conseil, qui ordonne l'exécution d'une autre du 19 Aoust 1738. casse une Sentence du Juge des Traites de Rennes : Ordonne que les Orféves des Villes de Vitré, Guingam, Morlais & Guerande, payeront pendant les six années du Bail commencé le premier Octobre 1738. le prix de leur Abonnement, sur le pied du précedent ; à quoi faire, contraints. M. S.

Arrest du Parlement, rendu au profit des Maîtres & Gardes du 9 Févr. 17..
Corps des Marchands Orfévres Joualliers de Paris, contre les Jurés & Communauté des Maîtres Lapidaires, Tailleurs, Graveurs & Ouvriers en toutes sortes de Pierres précieuses, fines & naturelles.

Arrest du Conseil, qui défend à tous Marchands, Ouvriers, Pein- 1 Mars 1740.
tres, Doreurs & autres personnes, d'apporter & faire venir dans la Ville de Lyon, des Pays étrangers, ni des Principautés enclavés dans le Royaume, aucun or ou argent, ou autres métaux battus en feuilles, sous quelque prétexte que ce puisse être, *&c.*

Registrées en la Cour des Monnoyes de Lyon le 5 Aoust. M. S.

Arrest de la Cour des Monnoyes, au profit des Maîtres & Gardes 30 Mars 1740.
du Corps des Marchands Orfévres-Joualliers à Paris, contre les Jurés Couteliers.

Arrest de la Cour des Monnoyes, qui interdit Claude François 6 Aoust 1740.
Gauché Maître Orfévre à Paris, pour trois mois, pour avoir protegé Jean Giboux Compagnon Orfévre, & confisque les ouvrages d'or saisis sur ledit Compagnon, lui enjoint de se retirer chez les Maîtres, & d'observer les Réglemens. *&c.*

Arrest de la Cour des Monnoyes, qui déclare Jean-Baptiste Mica- 19 Aoust 1740.
lef, Maître Orfévre à Beaumont sur Oyse, déchû de sa Maîtrise, le bannit pour trois ans hors du Ressort de ladite Cour, & le condamne en 200 liv. d'amende pour avoir contrefait le Poinçon de la Maison commune de Senlis, *&c.*

Arrest du Conseil & Lettres Patentes, qui ordonne l'exécution 27 Sept. 1740.
de la Déclaration du 27 Mars 1708. & l'Arrest du Conseil & Lettres Patentes des 26 Octobre & 5 Décembre 1719. *&c.*

Registrée en la Chambre des Comptes & Cour des Aydes, les 16 & 18 Novembre.

Arrest de la Cour des Monnoyes, rendu sur le Réquisitoire du 19 Nov. 1740.
Procureur Général, concernant le Poinçon de la Maison commune. M. S.

Arrest du Grand Conseil, qui décharge les Gardes de l'Orfevre- 29 Dec. 1740.
rie-Jouaillerie de Paris en exercice, en l'année 1736. de l'accusation contr'eux formée à l'occasion de la Marque de 14 plaques de Boëtes de montres d'argent prétendues marquées à bas titre.

Ordonne que l'amende de mille livres qu'ils ont payé, en vertu de l'Arrest de la Cour des Monnoyes, du 9 Aoust 1737. qui a été cassé, leur sera restituée.

Condamne Pierre Bouffot de Villeneuve leur Dénonciateur, en 1000 livres de dommages intérêts, & en tous les dépens, & à la restitution des sommes qui lui ont été payées, *&c.*

Ordonne que le présent Arrest sera inscrit sur les Registres du Bureau de la Maison commune, & en marge de celui de ladite Cour des Monnoyes.

Et permet aufdits Maîtres & Gardes de faire imprimer & afficher le présent Arrest, *&c.*

21 Févr. 1741. Arrest du Conseil & Lettres Patentes, qui, en interprétant les Lettres Patentes du 5 Décembre 1719. Ordonne que les Commis aux Exercices des Aydes, ne seront tenus de rapporter dans leurs Procès-verbaux, la Jurisdiction où ils ont prêté serment, & le lieu de leur domicile, si ce n'est lorsqu'ils verbaliseront hors l'étendue de la Jurisdiction où ils ont prêté serment.

Et qu'à l'égard de ceux qui n'ont pas de résidence fixe & certaine, ils l'indiqueront au Bureau principal de la Direction, dans l'étendue de laquelle ils verbaliseront.

Registrés en la Cour des Aydes de Paris, le 21 Mars.

20 Mars 1741. Arrest de la Cour des Monnoyes, portant Réglement pour les Maîtres Horlogers, en ce qui concerne les matieres d'or & d'argent qu'ils employent.

4 May 1741. Arrest de la Cour des Monnoyes, qui fait défenses à toutes personnes, excepté les Maîtres & Marchands Tireurs, Fileurs, Ecacheurs d'or & d'argent, de tirer, filer, battre ou écacher l'or & l'argent, tant fins que faux, comme aussi à tous Marchands venans des Pays étrangers, pour apporter de l'or ou de l'argent trait, rond ou battu, filé ou non filé, de mêler le fin avec le faux sur les mêmes bobines; ni d'exposer en vente lesdites Marchandises sans avoir été visitées, *&c.* M. S.

30 Aoust 1741. Arrest de la Cour des Monnoyes de Lyon, concernant la Marque des menus ouvrages d'Orfevrerie. M. S.

12 Dec. 1741. Arrest du Conseil, concernant les Ouvrages de vaisselles d'or & d'argent venans des Pays étrangers, Principautés enclavées dans le Royaume, ou des Villes & lieux dans lesquels le Droit de Marque n'est point établi, soit que lesdits ouvrages & vaisselles soient neufs ou qu'elles ayent servi. M. S.

30 Janv. 1742. Arrest de la Cour des Aydes, qui défend aux Officiers du Ressort de la Cour, d'annuller les Procès-verbaux des Employés, sous prétexte que les actes de leur réception & prestation de serment n'auroient point été déposés au Greffe de la Jurisdiction, dans le Ressort de laquelle ils exercent leurs fonctions.

Arrest de la Cour des Monnoyes, qui condamne les nommés Jean le Cocq & René Blaudau, se disant Marchands Forains, en 3 livres d'amende solidairement pour s'être immiscé de vendre & débiter des Ouvrages d'Orfevrerie sans titre ni qualité, & leur fait défenses de récidiver sous plus grande peine. *24 Janv. 1742.*

Arrests du Conseil. Le premier ordonne au Procureur Général de la Cour des Aydes de Paris, d'envoyer dans un mois les motifs sur lesquels est intervenu l'Arrest de ladite Cour, du 11 Avril 1742. *&c.* *13 May 31 Juillet 1742. & 14 May 1743.*

Le second évoque une Instance pendante en la Cour des Aydes, entre le Fermier de la Marque d'or & d'argent, & Theodore Jonbert Orfévre, *&c.*

Et le troisiéme ordonne l'exécution des articles 1, 7, 10 & 11. du Titre des Droits de la Marque d'or & d'argent, de l'Ordonnance de 1681. & des Arrests des 19 May & 11 Aoust 1733. *&c.*

Arrest du Conseil, qui déclare les Maîtres Lapidaires non recevables, & les déboute de leurs demandes portées en leur Requête inserée dans l'Arrest du 15 Aoust 1741. *10 Juillet 1742.*

Ordonne l'exécution de l'Arrest du Parlement, du 9 Février 1740.

Fait défenses ausdits Lapidaires de former à l'avenir aucunes contestations ni demandes, pour raison de la monture & de la vente des pierreries garnies & mises en oeuvre, à peine de 10000 livres d'amende.

Ordonne l'Inscription du présent Arrest, tant sur les Registres des Marchands Orfévres & Merciers, que sur celui des Marchands Lapidaires.

Arrest contradictoire de la Cour des Aydes de Paris, qui, sans avoir égard aux Lettres de rescision prises en Chancellerie par le Sieur Baron de Bornes, contre l'Acte de cautionnement par lui fourni pour le Sieur Pacheque, Receveur des Aydes, *&c.* *14 Déc. 1742.*

Arrest de la Cour des Monnoyes, qui déclare les bords de points d'Espagne d'or vendus par Cosme-Valentin Commanlogne l'aîné, Marchand de Galons d'or & d'argent à Paris, dans lesquels il s'est trouvé du faux mêlé avec du fin, acquis & confisqués au profit du Roy; & pour la contravention, le condamne en 1000 livres d'amende envers le Roy, & aux dépens envers Antoine-Denis Dardel, Marchand à S. Denis, *&c.* M. S. *16 Janv. 1743.*

Arrest du Parlement, qui Juge qu'un Diamant trouvé dans la Riviere, est épave; & qui en conséquence de l'attribution faite par les *29 May 1743.*

Ordonnances qu'un tiers dudit Diamant appartiendra aux Maîtres & Gardes de l'Orfevrerie, *&c.*

8 Octob. 1743. Arrest du Conseil, qui ordonne qu'il sera sursis à toutes saisies d'Ouvrages d'or & d'argent du Poinçon de Paris qui se trouveront dans les Boutiques & Magasins des Marchands Merciers Jouailliers, ayant les marques & contre-marques, jusqu'à ce que l'Instance évoquée au Conseil Royal, par Arrest du 21 Février 1736 soit jugée. M. S.

15 Octob. 1743. Déclaration, qui ordonne la continuation de la perception du doublement des Droits du Domaine, Barrage, Poids-le-Roy de Paris, & autres y énoncés, pendant le Bail de Thibault, la Rue, *&c.*
Registrée en Parlement le 20 Decembre,

15 Octob. 1743. Arrest pour la prise de possession par Thibault la Rue, du Bail des Fermes Générales-Unies.

16 Octob. 1743. Déclaration, pour l'instruction des affaires criminelles dans les Elections & Greniers à Sel, en 5 articles.
Registrée en la Cour des Aydes le 4 Decembre 1743.

14 Déc. 1743. Arrest de la Cour des Monnoyes, qui condamne le nommé Julien Coconnier, Compagnon Orfévre, & la Veuve Desjardins solidairement en 300 liv. d'amende pour contraventions.

21 Février 1744. Arrest contradictoire de la Cour des Aydes, qui permet au Fermier de se servir de tels Huissiers qu'il jugera à propos.

19 Juin 1744. Arrest du Conseil, qui fait défenses à tous Juges, autres que ceux des Aydes, Gabelles, Traites & autres Fermes, d'apposer aucuns scellés sur les Caisses & Effets des Receveurs & autres Compables desdites Fermes, à peine de nullité.

25 Juin 1744. *& 22 Janvier* 1745. Sentence de l'Election de Paris, & Arrest de la Cour des Aydes, qui déclarent une salliere d'argent vieille, marquée du Poinçon de décharge co[illegible] confisquée au profit du Fermier, sur Jean le Blanc, Orfévre, faute de l'avoir enregistrée.

Premier Juillet & 25 Septemb 1744. *15 May* 1745. *& 5 Avril* 1746. Arrest de la Cour des Aydes, & 3 Arrests du Conseil, au sujet de la saisie des Ouvrages d'or & d'argent sur Gaillard Courtier: & Ordonne la confiscation au profit du Fermier.

21 Aoust 1744. Arrest du Conseil, qui ordonne la continuation de tous les arrieres-Baux & Abonnemens faits par Louis Robin ou ses prédecesseurs,

Fermier actuel des Droits de la Marque d'or & d'argent, *&c.*

Arrests de la Cour des Monnoyes, qui défendent la translation de domicile des Maîtres Orfévres, ailleurs que dans les Villes où sont établis les Jurandes & Communautés. *12 Sept. & 28 Nov. 1744.*

Sentence de l'Election de Paris, qui déclare deux cuillieres & deux fourchettes de table d'argent vieilles, marquées du Poinçon de décharge courant, acquises & confisquées au profit du Fermier sur Louis Regnard, Orfévre, faute d'Enregistrement, & le condamne & sa femme, en 100 liv. d'amende & aux dépens. *24 Sept. 1744. & 7 Avril 1745.*

Et Arrest de la Cour des Aydes, confirmatif de ladite Sentence.

Arrest de la Cour des Monnoyes, qui déboute des Maîtres & Marchands Orfévres de Versailles, de leur opposition à un autre Arrest de ladite Cour, du 6 Juin 1736 (qui les avoit établis en Jurande) & le Fermier, de son intervention. M. S. *23 Déc. 1744.*

Arrest de la Cour des Monnoyes, qui condamne un Orfévre & son Compagnon solidairement en 100 livres d'amende pour contravention, *&c.* *30 Janvier 1745.*

Sentence qui déclare plusieurs piéces d'argenteries vieilles, non marquées du Poinçon de décharge, ni enregistrés, acquises & confisquées au profit du Fermier, *&c.* *15 Fevr. 1745. & 10 Déc. audit an.*

Et Arrest de la Cour des Aydes, confirmatif de la Sentence.

Arrest du Conseil, qui casse un Arrest de la Cour des Aydes, du premier Juillet 1744 & déclare les Ouvrages d'or & d'argent saisies sur René Gaillard, Courtier, acquis & confisqués au profit du Fermier, le condamne en 300 liv. d'amende, & en tous les dépens M. S. *15 May 1745.*

Lettres Patentes, portant réunion au Corps des Marchands Orfévres Jouailliers de la Ville de Paris, des deux Offices d'Inspecteurs & Controlleurs créés par Edit de Février 1745. *28 May 1745.*

Registré en Parlement le 25 Juin.

Sentence du Lieutenant Général de Police, qui homologue la Délibération des Gardes & Anciens du Corps l'Orfévrerie, du premier Juillet 1745. M. S. *7 Juillet 1745.*

Arrest de la Cour des Monnoyes, qui condamne au Carcan François la Carriere, & au Bannissement de neuf ans, pour avoir vendu des Boêtes d'or à très-bas titre, & fourré des plaques de cuivre & de tôle. M. S. *14 Dec. 1745.*

16 Dec. 1745. Sentence de l'Election de Paris, qui déclare quatre Tabatieres d'or
& 15 Juin 1746. quarrées à cage, incrustées d'or & à Nacre de perle neuves entierement finies, marquées du Poinçon de décharge courant, acquises & confisquées au profit du Fermier sur Pierre-Nicolas Grebeude, Orfévre & sa femme, & en 100 livres d'amende pour chacune piece.

Et Arrest de la Cour des Aydes, confirmatif de ladite Sentence, mais qui modere l'amende à 100 livres au lieu de 400 livres.

5 Fevrier 1746. Sentence de l'Election de Vitry-le-François, qui condamne un
& 20 Janv. 1747. Orfévre de Saint Dizier de faire enregistrer dans quinzaine le sous-Bail des Droits de la Marque d'or & d'argent qui lui a été passé au Greffe, & qu'il y déposera les Empreintes des Poinçons dont il se sert; sinon & à faute de ce faire, le condamne en 100 livres d'amende, & lui fait défenses d'exercer ledit Droit.

Et Arrest de la Cour des Aydes, qui casse ladite Sentence, & décharge ledit Orfévre des condamnations y portées. M. S.

21 Fevr. 1746. Arrest de la Cour des Aydes, qui défend au Fermier de la Marque d'or & d'argent, d'exiger l'Enregistrement pour les vaisselles neuves données par les Orfévres à leurs Confreres pour modeles, déclare la saisie nulle, en fait main-levée, & condamne le Fermier en 100 liv. de dommages-intérêts.

5 Avril 1746. Arrest du Conseil, qui déboute René Gaillard, Courtier, de son opposition à autre Arrest du Conseil, du 15 May précedent. M. S.

21 May 1746. Déclaration, portant Réglement pour la fabrication des Galons d'or & d'argent fin & de faux.

Registrée en la Cour des Monnoyes le 18 Juin 1746.

21 May 1746. Arrest du Conseil, qui révoque & annulle les Privilèges accordés pour la composition, vente & débit du Similor, Tombac, Métail de Prince & autres.

22 May 1746. Déclaration, concernant les Tireurs d'or de Lyon & les Affineurs de ladite Ville.

Registrées en la Cour des Monnoyes de Lyon, le 2 Juillet 1746. M. S.

28 Juillet 1746. Sentence, qui fait main-levée à Louis Picasse Marchand Orfévre,
& 21 Avril 1747. d'une vieille Tabatiere d'or sur lui saisie sans dépens.

Et Arrest de la Cour des Aydes, qui infirme ladite Sentence, déclare la Tabatiere saisie, acquise au Fermier, & condamne ledit Picasse en 300 liv. d'amende moderée par grace à 75 liv.

17 Aoust 1746. Arrest de la Cour des Aydes, rendu au profit de la Communauté des

des Maîtres Tireurs, Fileurs & Ecacheurs d'or & d'argent, tant fin, que faux à Paris.

Contre le Fermier des Droits, qui juge qu'il ne peut exiger le Droit de 10 sols pour les filieres, que de ceux qui se serviront des filieres du Fermier.

Arrest de la Cour des Aydes, rendu au profit du Corps des Marchands Orfévres Jouailliers de Paris, contre Antoine Léchaudel Fermier, & le condamne en tous les dépens. *19 Aoust 1746.*

Lettres Patentes, qui réglent la connoissance que la Cour des Monnoyes & le Lieutenant de Police doivent avoir dans les Ouvrages d'Orfevrerie. *14 Dec. 1746.*

Registré en Parlement le 9 May 1747.

Arrest de la Cour des Aydes, portant Réglement entre tous les Orfévres & autres travaillans en or & en argent. M. S. *24 Mars 1747.*

Arrest de la Cour des Monnoyes, portant condamnation contre des Compagnons Orfévres & contre des Maîtres Orfévres, pour malversations, *&c.* *12 Juin 1747.*

Sentence de l'Election de Paris, qui déclare les ouvrages vieux saisis sur René Gaillard, Courtier, acquis & confisqués au profit du Fermier, *&c.* *13 Juin 1747. & 2 Aoust 1748.*

Et Arrest contradictoire de la Cour des Aydes, qui ordonne l'exécution de ladite Sentence de l'Election.

Arrest de la Cour des Monnoyes, portant condamnation contre des Compagnons protegés & un Maître Orfévre. *7 Juillet 1747.*

Arrest du Conseil & Lettres Patentes, Portant Réglement pour la fonte & l'échange des Matieres d'argent tenant or. *29 Juillet & 24 Aoust 1747.*

Registrés en la Cour des Monnoyes le 2 Septembre. M. S.

Déclaration, en interprétation des Réglemens rendus sur le fait de l'Orfevrerie, en 5 articles. *2 Sept. 1747.*

Registrée en la Cour des Monnoyes le 11 Octobre.

Sentence, qui déclare un Réchaud, une Mouchette & un porte-Mouchette d'argent vieux, acquis & confisqués au profit du Fermier, *&c.* *9 Sept. 1747. & 6 Mars 1748.*

Et Arrest de la Cour des Aydes, qui fait main-levée des effets ci dessus, *&c.*

Arrest contradictoire de la Cour des Aydes, contre le Chapelain *15 Dec. 1747.*

& un Administrateur de l'Hôpital de la Trinité de Paris, & ordonne l'exécution de la Sentence de l'Election de Paris, du 23 Septembre 1747. en faveur de Tiibaud la Rue Adjudicataire des Fermes, &c.

4 May 1748. Arrest de la Cour des Monnoyes : servant de Réglement pour les Ouvrages de Coutellerie en or & en argent.

14 May 1748. Arrest du Conseil d'Estat, qui ordonne l'exécution de l'Edit du mois d'Aoust 1669. concernant les Privileges & hypotéques de Sa Majesté, sur les Biens des Comptables des deniers de ses Fermes & autres deniers Royaux.

17 May 1748. Sentence de l'Election de Lyon, qui déclare acquis & confisqué au profit du Fermier de la Marque d'or & d'argent, 19 Roquelins & une Gavette de trait d'argent sur François Joseph Girard, & le condamne en 3000 liv. d'amende & aux dépens. M. S.

24 Juillet 1748. Arrest de la Cour des Monnoyes, qui, pour les contraventions commises par Claude Boyer Maître Orfévre, & Charles-Hubert Paul son Compagnon protegé, les condamne aux interdictions y portés, &c. en 500 liv. d'amende solidairement.

10 Aoust 1748. Déclaration, servant de Réglement pour la Cour des Aydes de Paris, en 32 articles.

Registrée en la Cour des Aydes le 23

4 Dec. 1748. Arrest de la Cour des Monnoyes, qui ordonne l'exécution des Réglemens concernant les Vaisselles, Bijoux & ouvrages venant des Pays étrangers, &c.

26 Janv. 1749. Déclaration, en interprétation des Réglemens faits sur la perception des Droits de Marque & de Controlle sur les Ouvrages d'or & d'argent fabriqués & débités dans le Royaume, en 32 articles.

Registrée en la Cour des Aydes le 11 Fevrier.

27 Février & 17 Juin 1749. Sentence de l'Election de Paris, qui déclare nul un Procès-verbal; & en conséquence fait main-levée d'un Réchaud saisi.

Et Arrest de la Cour des Aydes, qui déclare ledit Réchaud acquis & confisqué au profit du Fermier, &c.

7 Mars 1749. Arrest de la Cour des Monnoyes, qui ordonne l'exécution de celui du 4 Décembre 1748.

22 Juillet 1749. Arrest du Conseil, qui ordonne qu'Antoine Lechaudel, Fermier des Droits de la marque d'or & d'argent, payera aux Orfévres de la Ville d'Aix 1159 liv. & à ceux de Grasse 370 livres d'indem-

nité, à cause de l'incursion des Troupes Autrichiennes, desquelles il lui sera tenu compte sur le prix de son Bail. M. S.

Arrest du Conseil, portant que l'adjudication des sous Fermes des Domaines, Aydes & Droits y joints, sera faite au plus offrant & dernier encherisseur au renouvellement prochain du Bail, en 6 articles. *30 Sept. 1749.*

Arrest du Conseil, pour la prise de possession du Bail des Fermes Générales-Unies, sous le nom de Jean Girardin, à commencer du premier Octobre 1750. *28 Octob. 1749.*

Arrest de la Cour des Monnoyes, qui ordonne l'exécution des Réglemens concernant les Maitres Tireurs d'or, *&c.* *8 Avril 1750.*

Arrest de la Cour des Monnoyes, qui ordonne l'exécution des Réglemens; & en conséquence défend de fumer les Traits, Lames, Filés, Galons & autres ouvrages d'or & d'argent, & d'en vendre aucuns sur les peines y portées. *8 Avril 1750.*

Arrest de la Cour des Monnoyes de Lyon, qui ordonne l'exécution des Ordonnances, Arrests & Réglemens concernant l'Art des Tireurs d'or, *&c.* M. S. *8 May 1750.*

Arrest du Conseil, qui subroge la Communauté des Orfévres de Toulouse, au Bail de la Ferme de la Marque d'or & d'argent, passé par Julien Berthe Fermier, au Sieur Moissel Orfévre à Toulouse. M. S. *28 Juillet 1750.*

Arrest du Conseil, qui ordonne que tous les arrieres-Baux & Abonnemens, & qui n'ont pas été renouvellés, seront continués au profit de Julien Berthe pendant les six années de son Bail. *25 Aoust 1750.*

Arrest du Conseil & Lettres Patentes, portant nouveau Réglement pour la Marque d'or & d'argent, en 4 articles. *22 Fevr. & 17 Mars 1751.*
Registrées en la Cour des Aydes le 30 Aoust.

Arrest du Conseil, qui subroge Jean-Baptiste Bocquillon, au lieu & place de Jean Girardin, pour l'exploitation des Fermes Générales Unies. *6 Mars 1751.*

Sentence de l'Election de Paris, qui déclare acquise & confisquée au Roy, au profit de Julien Berthe Fermier, une Cuilliere neuve d'argent, saisie sur la Demoiselle Veuve Boursier, Marchande Orfévre à Paris, & Claude Gros son Compagnon, condamnés solidairement en 100 livres d'amende, & aux dépens. *6 May 1751.*

20 Juillet 1751. Arrest du Conseil, qui, en interprétant celui du premier Aoust 1733. Ordonne que les Ouvrages d'orfevrerie d'or & d'argent fabriqués à Paris, & destinés pour le Pays étrangers, ne payeront que le tiers des Droits de sortie des Fermes.

20 Juillet 1751. Arrest du Conseil, qui ordonne l'exécution du Bail fait par Jean Girardin à Julien Berthe, de la sous-Ferme des Droits de la Marque d'or & d'argent.

26 Aoust 1651. Arrest de la Cour des Aydes, qui infirme une Sentence de l'Election de Blois, du 9 Janvier 1751. qui permet au Fermier de la Marque d'or & d'argent, de tenir son Bureau dans telle Maison qu'il jugera à propos.

10 Aoust 1751. & 11 Janv. 1752. Arrests du Conseil. Le premier, évoque au Conseil les contestations d'entre les Sieurs Bassin & consors, & les Maîtres & Gardes en Charge du Corps de l'Orfévrerie, & Julien Berthe, Fermier des Droits de la Marque d'or & d'argent.

Le second ordonne, que l'Election faite du Sieur Magimel, Orfévre, & l'un des Fermiers de la Marque d'or & d'argent, pour grand Garde du Corps des Marchands Orfévres de Paris, sera exécutée.

7 Decemb. 1751. Arrests de la Cour des Comptes, Aydes & Finances de Provence, qui confirme la saisie des Ouvrages d'argent, poids & balences saisis au Sieur Sauveur Clerc, Maître Orfévre de la Ville d'Avignon, & qui le déboute de son opposition à ladite saisie.

10 Octob. 1752. Déclaration, sur les formalités à observer par les Maîtres & Gardes dans leurs Visites, en 12 articles.

Registrée en la Cour des Monnoyes le 4 Décembre.

Fin du Quatrième Tome.

www.ingramcontent.com/pod-product-compliance
Ingram Content Group UK Ltd.
Pitfield, Milton Keynes, MK11 3LW, UK
UKHW022136260726
13993UKWH00003B/1479